你不得不知道的经典故事

中华圣贤故事

张兴玉　江徐贤　刘小川　李云·编写

南京大学出版社

图书在版编目(CIP)数据

中华圣贤故事 / 张兴玉等编写. —南京:南京大学出版社,2009.7

(你不得不知道的经典故事)

ISBN 978 - 7 - 305 - 06259 - 9

Ⅰ. 中… Ⅱ. 张… Ⅲ. 名人—生平事迹—中国—少年读物 Ⅳ. K82-49

中国版本图书馆 CIP 数据核字(2009)第 109686 号

出 版 者　南京大学出版社
社　　　址　南京市汉口路 22 号　　　　邮编　210093
网　　　址　http://www.NjupCo.com
出 版 人　左　健
丛 书 名　你不得不知道的经典故事
书　　　名　**中华圣贤故事**
编　　　写　张兴玉　江徐贤　刘小川　李　云
责任编辑　王向民　　　　　编辑热线　025-83594275
照　　　排　南京玄武湖印刷照排中心
印　　　刷　南京紫藤制版印务中心
开　　　本　880×1230　1/32　印张 6.75　字数 140 千
版　　　次　2009 年 7 月第 1 版　　2009 年 7 月第 1 次印刷
ISBN　978 - 7 - 305 - 06259 - 9
定　　　价　12.80 元

发行热线　025-83594756
电子邮箱　sales@NjupCo.com(销售部)
　　　　　　press@NjupCo.com

黄帝轩辕氏，华夏始祖。

林则徐，清末爱国主义政治家，因触犯西方殖民者和清廷保守势力的利益而被罢官流放伊犁。

目　录

003

1. 人文始祖——"三皇"

燧人钻木取火

中国远古时代流传着一位用智慧、勇敢、毅力为人民造福的英雄，他就是燧人。燧人一直受到人们的敬重和崇拜，并被尊称为"火祖"。

在远古时期，人们不知道有火，也不知道用火。到了黑夜，四处一片漆黑，野兽的狂叫声此起彼伏，人们躲在一起，又冷又怕。由于没有火，人们只能吃生的食物，经常生病，寿命也很短。

这时，天上有个叫伏羲的大神，看到人间生活得这样艰难，心里很难过，他想让人们知道火的用处。于是他拿出了自己的本领，在山林中降下一场雷雨。随着"咔"的一声，雷电劈在树木上，树木燃烧起来，很快就变成了熊熊大火。人们被雷电和大火吓坏了，到处奔跑逃命。不久，雷雨停了，夜幕降临，逃散的人们又聚到了一起，他们又惊又怕地看着燃烧的树木。这时候有个年轻人发现，野兽的嚎叫声没有了，他想："难道野兽怕这个发亮的东西吗?"于是，他勇敢地走到火边，感觉身上好暖和呀。他兴奋地招呼大家："快来呀，这火一点不可怕，它给我们带来了光明和温暖!"这时候，人们又闻到烧死的野兽发出的阵阵香味。人们聚到火边，分吃烧过的野兽肉，觉得自己从没有吃过这样的美味。人们感到了火的可贵，他们拣来树枝，点燃火，将火种保留起来。每天都有人轮流守着火种，不让它熄灭。可是有一天，值守的人睡着了，火燃尽了树枝，熄灭了。人们又重新陷入了黑暗和寒冷之中，痛苦极了。

大神伏羲在天上看到了这一切，他托梦给最先发现火的用处的那个年轻人，告诉他："在很远的西方有个遂明国，那里有火种，你可以去那里把火种取回来。"年轻人醒了，想起梦里大神说的话，决心到遂明国去寻找火种。

年轻人翻过高山，渡过大河，穿过森林，历尽艰辛，终于来到了遂明国。可是这里没有阳光，不分昼夜，四处一片黑暗，根本没有火。年轻人非常失望，就坐在一棵叫"遂木"的大树下休息。突然，年轻人眼前有亮光一闪，又一闪，把周围照得很明亮。年轻人立刻站起来，四处寻找光源。这时候他发现就在遂木树上，有几只大鸟正在吃树上的虫子。只要它们一啄，树上就闪出明亮的火花。年轻人看到这种情景，脑子里灵光一闪。他立刻折了一些遂木的树枝，用小树枝去钻大树枝，树枝上果然闪出火光，可是却着不起火来。年轻人不灰心，他找来各种树枝，耐心地用不同的树枝进行摩擦。终于，树枝上冒烟了，火苗窜了出来，年轻人高兴地流下了眼泪。

年轻人回到了家乡，为人们带来了永远不会熄灭的火种——钻木取火的方法，从此人们再也不用生活在寒冷和恐惧中了。人们很佩服这个年轻人的勇气和智慧，推选他做首领，并称他为"燧人"，也就是取火者的意思。

伏羲立志为民

伏羲是传说中人类文明的始祖，被尊为"三皇"之首。

相传生活在华胥之国的华胥姑娘，到雷泽附近的森林游玩，偶尔看见一个巨大的脚印，便好奇地踩了一下，于是受感而孕，生下一子，取名"伏羲"。

伏羲为人类文明作出了很大的贡献。他教人们结网、打猎、养牲口，用绳子结网，用网去打猎，还发明了弓箭，这比光用木棒、石器打猎要强得多。不但平地上的走兽，就是天空上的飞鸟，水里的游鱼，都可以射杀、捕捉。捕来的鸟兽，多半是活的，一时吃不完，还可以留着、养着，等到以后吃，这样，人们又学会了饲养。

当时最让伏羲伤脑筋的是出生的婴儿中，常常出现畸形怪异现象。后来伏羲发现，这与当时存在的男女群婚、乱婚现象有关。于是他开始在华夏九州"制嫁娶"，实行男女对偶制。他先定姓氏，以防止乱婚和近婚，又首创中国最古老的风姓，并以所养动物为姓，或以植物、居所、官职为姓，使中华姓氏自此起源，绵延至今，实现了中华民族从愚昧向文明的跨越。

伏羲很聪明，他改进了当时的结绳记事法（具体办法大致是大事系大结），创造书契，指的是契刻符号，有什么事非记不可，就先用一个特定的符号刻或画在什么东西上，这可比结绳记事简捷方便多了。这些符号虽然不能算文字，但是在那个时代还是能表达简单思想的。

伏羲还是个音乐天才。有一天，他砍断一株小梧桐树，修整后，装上五十根弦线，制成了一种名叫"瑟"的乐器。他弹奏起来，乐声像是天上吹过的风、河里流淌的水、树林里鸟儿的歌声，真是好听。

更重要的是，他受到龙马的启示，发明了八卦。当下雨刮风、电闪雷鸣时，人们既害怕又困惑。聪慧过人的伏羲想把这一切都搞清楚，于是他经常站在卦台山上，仰观天上的日月星辰，俯视周围的地形方位，有时还研究飞禽走兽的脚印和身上的花纹。有一天，他又来到了卦台山上，正在苦苦地思索他长期以来观察的现象。突然，他听到一声奇怪的吼声，只见卦台山对面的山洞里跃出一匹龙马。说它是龙马，那是因为这个动物长着龙头马身，身上还有非常奇特的花纹。这匹龙马一跃就跃到了卦台山下渭水河中的一块大石头上。这块石头形如太极，配合龙马身上的花纹，顿时让伏羲有所感悟，于是他画出了八卦。八卦代表了大自然的基本知识和秩序，从此以后，人们渐渐懂得了如何互通知识和情感。因为伏羲不断的努力，东方蛮荒的土地终于成了幸福的王国。

神农遍尝百草

神农就是炎帝，是中华民族"三始祖"之一。他开创了中国原始农业的先河。

炎帝神农氏名叫石年，他的父亲是少典部落的君主，母亲叫安登。传说，神农氏的母亲有一天去华阳游玩时，因为受到神龙之气，在姜水河畔生下了他。他生下来时牛首人身，第三天就会讲话，第五天就能行走，第七天牙齿长全。他因在姜水边长大，就以姜为姓，这就是说，炎帝神农氏是中国姜姓的第一人。

长大后，他带着他的部落逐渐沿渭水、黄河向东发展，因为与黄帝在阪泉发生冲突，被黄帝打败，于是就来到了中原，在这里他尝尽了百草五谷。

神农氏怎么会想起来种五谷呢？这是因为神农氏所处的时代，是中国从原始畜牧业向原始农业转变的关头。那时，人口已生育繁多，维持生活的是猎物和植物的果实。可是，天上的飞禽越打越少，地上的走兽越打越稀，人们很难吃饱肚子。怎样才能解决人们的吃饭问题？神农氏苦思冥想。

忽然有一天，一只周身通红的鸟儿，衔着一棵五彩九穗谷，飞在天空，掠过神农氏的头顶时，九穗谷掉在地上，神农氏看见了，拾起来埋在了土地里，后来竟然长成一片。他把谷穗在手里揉了揉后放在嘴里，感到很好吃。于是他教人砍倒树木，割掉野草，用斧头、锄头等生产工具，开垦土地，种起了谷子。

神农氏从这里得到启发：谷子可年年种植，源源不断，若能有更多的草木果实，多多种植，大家的吃饭问题不是就解决了吗？那时，五谷和杂草长在一起，草药和百花开在一起，哪些可以吃，哪些不可以吃，谁也分不清。神农氏就一样一样地尝，一样一样地试种，最后从中筛选出的黍、菽、麦、稷、稻五谷，所以后人尊他为"五谷爷"、"农皇爷"。

神农氏教人们种五谷后，并不单单靠天而收，还教人们打井汲水，对农作物进行灌溉。农业的出现，人类的劳动果实已有剩余，这时，神农氏设立集市，让大家把吃不完、用不了的食物和东西，每天中午拿到集市上去交换，从而出现了原始的商品交易。

神农氏的另一伟大功绩就是创造了中国医药和医术。传说神农氏为了给人治病，苦思冥想，最后带着一批臣民，四处奔波寻找药。他们走哇，走哇，整整走了七七四十九天，来到高山峡谷间，突然从峡谷中窜出一群狼虫虎豹，将大家团团围住。神农氏马上让臣民们挥舞神鞭，向野兽们打去。打走一批，又来一批，一直打了七天七夜，才把野兽全部打跑。那些虎豹莽蛇身上被神鞭抽出一条条伤痕，后来变成身上的斑纹。

这时，臣民们说这里太险恶，劝神农氏回去，神农氏坚决不同意。

他领头来到一个悬崖下边，见几只猴子顺着悬崖的枯藤和横倒在悬崖间的树木爬过来爬过去，他马上灵机一动，让臣民们砍木杆、割藤条，靠着山崖搭成架子，一天搭上一层，整整一年，搭了三百六十层，才搭到山顶。传说后来人们盖楼房用的脚手架就是受此启发。

到了山顶，他带着臣民尝尽百草，记录了三百六十五种草药，能治一百种以上的疾病。

神农氏找到了为民疗病的草药，准备下山时，发现他们搭的架子不见了。原来这些搭架子的木杆，落地生根，淋雨吐芽，竟然长成了一片茫茫林海。神农氏正在发愁，突然天空飞来一群白鹤，把他接上了天庭。后人为纪念神农氏，把这一片林海取名为"神农架"。

2. 文明之祖——黄帝

　　黄帝是中华民族的人文始祖，因有赫赫功德，后人永远纪念他。黄帝出生于母系氏族社会。他十五岁就被群民拥戴当上了部落酋长，三十七岁登上天子位，黄帝一生重大贡献就在于统一了三大部落，告别了野蛮时代，建立起世界上第一个有君主的国家，当选为中华民族第一帝。人类文明从此开始了。所以后世都尊称轩辕黄帝是"文明之祖"。

　　在部落间战争纷起之时，黄帝以其非凡的才华，率领其部族，兴起于姬水。与此同时，炎帝部族兴起于姜水。在氏族部落的不断繁衍过程中，炎帝部落与九黎族部落发生冲突，炎帝战败，向黄帝求援。黄帝和炎帝联兵，与蚩尤率领的九黎部落发生了涿鹿之战，蚩尤失败。黄帝战胜蚩尤后，威信更高了，被中原各部落尊为共同的领袖。后来黄帝部落和炎帝部落合并，统称为华夏族。华夏族就是中华民族的前身。中华民族世世代代把自己叫做"炎黄子孙"。

　　在传说中，黄帝还是个非常聪明能干的人物。他既会推算天文，制定出中国最早的历法，又会制造车、船和指南车。他还精通医术，和神医岐伯一起研究出一套诊治方法。他和岐伯关于医学的对话，被后人编成我国最早的一部医书——《黄帝内经》。黄帝的妻子嫘祖也很能干，她教人们养蚕，总结出一套喂蚕、缫丝、织帛的经验。从此人们既会制衣，又会做冕，还能制鞋，从上到下都装束起来，彻底改变了上古时代穿树叶兽皮的原始习惯。

古代的人受饮水限制，居者靠河流，牧者逐水草，很不方便。黄帝发明了井，人们才有可能到远离河流的地方去开发。当时的人还不会盖房子，穴居野处，构木为巢，是黄帝教人们盖房子。黄帝手下集中了一大批有才能的人，他们都能发挥自己的特长。比如，文字学家仓颉，造出了象形文字；音乐家伶伦分出十二音阶，配成乐曲；精通数学的隶首，制定了各种度量衡等。

　　黄帝的晚年，发明了鼎。当第一个鼎被铸造出来时，天上突然飞下来一条龙，那条龙有着发亮的眼睛和长长的、闪着银光的龙须，整个龙身透着金光，降临时好像带来万匹的金锻，笼罩了整个天空。

　　黄帝和臣子们都大吃一惊，那只龙慢慢靠近黄帝，眼神变得十分温和，忽然开口对黄帝说："天帝特地派遣我来带你升天去拜见天帝。"黄帝一听，点了点头，就跨上龙背，并且对群臣说："天帝要召见我了，你们多保重，再会了。""请让我们追随您去吧！"大臣们说完，就一拥而上，希望爬上龙背，随黄帝一起走。可是那只龙却扭动身躯，把那些人都摔了下来。

　　金龙载着黄帝快速飞上天空，一下子就消失在云雾中了。群臣没有办法，只好眼睁睁地看着黄帝升天而去。一位大臣看着天空，若有所思地说着："并不是每个人都上得去的啊！只有像黄帝那样伟大的人，才有资格呢！"后来的人为了纪念这位帝王，就把黄帝升天的地方叫做"鼎湖"。

3. 功德如天的唐尧王

尧在五帝中居第四位，因国号为唐，因此又被称为唐尧。

尧善于治理天下，胸怀博大，爱民如子。他十六岁登上王位，住的是茅棚，吃的是野菜杂粮，穿的是粗麻衣，自己凿井而饮，耕田而食，生活十分节俭。他经常早早起来处理事务，很晚才回家休息。他任命羲、和两人掌管天地，派遣羲仲、羲叔、和叔分管东南西北四方，还制订历法，一年为三百六十六日，分春夏秋冬四个季节，春天播种，秋天收获。

尧体恤百姓，经常到地方视察，他对百姓说："在我治理的地方，如果有人没饭吃，那是我使他挨饿的；如果有人没衣穿，那是我使他挨冻的；如果有人去犯罪，那是我的施政不好，迫使他去犯了罪。"他让百姓大胆指出他的过错，还叫人制了一面大鼓，鼓励百姓击鼓指出他施政不当之处。尧走到哪里，就和那里的百姓谈话，百姓可随意批评他，指出他的过错。他襟怀磊落，不计恩怨，深得百姓爱戴。

尧有九个儿子，长子丹朱很不成器。洪水来袭，大水淹没了农田村庄，丹朱却坐船观赏风光；洪水退了，丹朱仍坐在船上，还嘲笑他人。几个兄弟经常内讧，纷争不休。

尧在位七十年，到八十六岁时，他觉得自己年老体衰，想找一位贤人来接替他。他深知长子丹朱所做所为，难以担当治理国家的重任，其他几个儿子也没多大出息，便走出平阳，去私访贤人。

一天，尧来到一个叫历山的地方，看到一个老农拿着块叫做"壤"的木板，一块放在地上，举起另一块向下敲击，一面敲，一面唱："太阳出来了，我就出门耕种；太阳下山了，我就回家安歇。挖了井，自然有水喝；种了田，不愁没饭吃。帝王的权力再大，跟我有什么相干？"这是当地百姓流传的歌曲，名叫《击壤歌》。歌声粗犷而嘹亮，是百姓向往安适生活的内心流露。尧听了，心里很宽慰。他蹲下身子，和那老人攀谈，问他这村里有没有大贤之人。老人用手向山坡方向一指，只见山坡前，有个年轻的农人驾着两头牛正在犁地，老人说"他是我们舜南的大贤人。他孝顺双亲，顾怜乡邻，我们有什么事都找他帮忙。"

尧走上前去，见那年轻农人赶着牛，手里却没拿鞭子，只拿个小簸箕，不时敲打几下，便心生诧异："这年轻人真怪，犁地敲簸箕做什么？"他打量了年轻农人一番，问："小伙子，你耕田为什么敲簸箕？"年轻农人笑了笑，不好意思地说："牛虽是牲畜，它为我耕田已很累了，如果我再用鞭子驱赶它，心里实在过意不去。牛不肯前行时，我就敲打簸箕吓一吓它。"尧拉住他的手，连声称赞："有道理！有道理！"尧心想："这小伙子有爱心，又有才干。日后他当了国君，更会用人，算是贤人了！"这时候，有好几个人围拢来，打量着尧问："请问，您从哪儿来？"尧说："我就是尧，你们的王啊！"大家一听，都惊呆了，一个个跪拜。

尧上前将他们扶起，把他前来访贤的事告诉大家。农人们围着敬爱的尧王，七嘴八舌讲起来。原来，耕地的那年轻农人叫虞舜，是历山一带闻名的贤人。他通晓天文地理，才华卓绝。更令人敬仰的是，他有一颗仁爱的心。

尧听了，十分高兴。他想把虞舜带回都城，让虞舜帮他治理国家。虞舜再三辞让不成，便安顿好家里一切，随尧去了。

4. 仁孝开明的虞舜帝

舜帝，姓姚，传说目有双瞳而取名"重华"，号有虞氏，故称虞舜。

尧死了，舜想把部落联盟首领的位子让给尧的儿子丹朱，可是大家都不赞成，舜才正式当上了首领。

舜即位后，勤劳又俭朴，跟老百姓一样劳动，受到大家的信任。舜命令后稷按时播种百谷；挖沟开渠以利灌溉；疏通河道，治理洪水；公布五刑，除去四凶族。舜知人善任，选用能人，命令禹做司空，主管水土；命令弃做后稷，主管农业；命令契做司徒，主管五教；命令皋陶管理五刑等等。舜在位时，把各项工作都做得很好，开创了上古时期政通人和的局面，所以舜成为中原最强大的盟主。

舜广泛征求四岳等大臣的意见，惩罚奸佞，举贤任能。一方面，他把共工、獾兜、三苗三人分别流放到北、南、西三方，又在羽山处死了鲧，使得边疆皆服，民族和睦。另一方面，他启用皋陶等二十二位贤人，使其各建奇功，百业兴旺。其中著名的，要数启用禹了。

当时，舜已六十一岁了，很想找一个品德高尚、仁爱贤明的继承人。这时，四岳推举了禹。舜想了想说："就是那个治水无功被我杀死的鲧的儿子吗？""正是，"四岳说，"大王切不可根据父亲来评价儿子，这禹的确是个不可多得的人才啊！"舜笑道："放心吧，我明白你的意思。"不久，舜不避前嫌，启用禹子承父业去治理洪水，也想借此验证一下四岳的话。

禹深感舜的信任，力图报答，因而治理洪水时不辞劳苦，兢兢业业。他经过长期实地考察，确认用父亲堵决口的办法根本不行，而必须以疏导为主。他就率领人们开山通泽，疏浚河道，基本消除了洪灾，大致确定了九州的区划，更使各州恢复了生产，人民安居乐业。

舜帝很高兴，便效法尧帝，将帝位禅让给了禹。禹推辞不就，于是舜就暂时缓行，让禹开始主掌百官，管理国事，虽无帝王之名而行帝王之实。

舜帝百岁那年到南方巡视，不幸死在苍悟，后来葬在九嶷山，此地于是被后人称为零陵（今湖南宁远县东南）。

舜即位后仍不断去看望曾虐待自己的父母和弟弟，他的一生，是仁孝开明的一生。

舜帝是道德文化的鼻祖，舜文化是道德文化。舜文化精神之魂可称为"德为先，重教化"，舜文化是由野蛮走向文明的历史转折时期的中华文化。以农耕文化为内涵的炎帝文化，以政体文化为内涵的黄帝文化，以道德文化为内涵的舜文化，共同构成了中华文化三座里程碑。

5. 治水英雄大禹王

禹是创造华夏文明的英雄和领袖人物之一，也是继炎帝、黄帝、唐尧、虞舜之后，中原地区部落联盟的最后一位首领。因为从禹之后，部落联盟这一组织形式以及与其紧密相关的原始社会很快就解体了，取而代之的则是中国历史上第一个国家政权机构——夏朝。

禹的主要功绩是治水，他把毕生的精力都献给了治水事业。那么禹为什么要治水呢？因为那时人类生存对地理环境的依赖性很强。

原始社会末期（距今约 4500—4300 年），地球上发生了一场空前的灾难，许多地方普降暴雨，江河湖泊涨溢肆虐，洪水冲毁了农田和房子，家畜大多也死于非命，人类生存面临着严重的威胁。

鲧治水采取了修堰治坝的方法，特别是对于一些急流大川沿用堵围之法，不仅没有治住水患，反使堤溃坝毁，造成更大的灾难。因此鲧被撤销了职务，受到最严厉的惩罚。

禹改变了他父亲的做法，用开渠排水、疏通河道的办法，把洪水引到大海中去。他和老百姓一起劳动，戴着箬笠，拿着锹子，带头挖土、挑土。

经过十三年的努力，终于把洪水引到大海里去，土地又可以种庄稼了。禹新婚不久，为了治水，到处奔波，多次经过自己的家门而不入。有一次，他妻子涂山氏生下了儿子启，婴儿正在哇哇地哭，禹在门外经过，听见哭声，硬是狠下心没进去。

当时，黄河中游有一座大山，叫龙门山（位于今山西河津县西北）。它堵塞了河水的去路，使河道十分狭窄。奔腾东下的河水受到龙门山的阻挡，常常溢出河道，闹起水灾来。禹到了那里，观察好地形，带领人们开凿龙门山，把这座大山凿开了一个大口子。这样，河水就畅通无阻了。

后人都称颂禹治水的功绩，尊称他是大禹。到舜死后，禹就继任了部落联盟首领。

大禹在治理洪水的同时，还因地制宜地大力发展农业。他派益在低洼的水田中栽种水稻，令稷在高原坡地种粟黍，还拿出余粮赈济灾民，而那些因洪水泛滥而无法居住的地区，他帮助人们迁徙到高原或山地上，重新建立家园。正因为大禹在危急时刻能力挽狂澜，人们才永远怀念这位治水英雄。

由于禹在治水中的功绩，提高了部落联盟首领的威信和权力。传说禹年老的时候，曾经到东方视察，并且在会稽山（在今浙江绍兴一带）召集许多部落的首领。去朝见禹的人手里都拿着玉帛，仪式十分隆重。有一个叫做防风氏的部落首领，到会最晚。禹认为怠慢了他的命令，把防风氏斩了。这说明，那时候的禹已经从部落联盟首领变成名副其实的国王了。禹原来有个助手叫做皋陶，曾经帮助禹治理政事。皋陶死后，皋陶的儿子伯益也做过禹的助手。按照禅让的制度，本来是应该让伯益做禹的继承人的。但是，禹死以后，禹所在的夏部落的贵族却拥戴禹的儿子启继位。

这样一来，氏族公社时期部落联盟的选举制度正式被废除，变为王位世袭制度。我国历史上第一个奴隶制王朝——夏朝出现了。

6. 商汤王伐桀爱民

公元前 16 世纪，统治了中原四百多年的夏王朝已到了末日。夏朝最后一个国君名桀（jié），是个典型的暴君。他残酷剥削压迫人民，过着荒淫奢侈的生活。

当时黄河下游有个叫商的部落，畜牧业发展得很快。到了汤做首领的时候，这个部落已经十分强大了。

汤是个既有才干又有德行的首领，很想做一番事业。他听说妻子娘家莘氏部落有一个叫伊尹的，道德高尚，又有才能，是个贤人，就派使者带着礼物去请他出来做官，但被谢绝了。汤很有耐心，接连三次聘请伊尹，终于使他答应出山。汤请来了伊尹后，觉得他是个难得的人才，自己不敢用他，把他推荐给国君夏桀。夏桀荒淫无道，重用奸臣，驱逐贤才，根本没有心思治理国家。

伊尹非常失望，就回到了商汤的身边。商汤对伊尹的回来表示热烈欢迎，当即请他做自己的助手，大大小小的事都找他商量。

夏桀手下有个忠臣叫关龙逄（páng），他多次劝说夏桀不要一意孤行，否则会失去人心，丢掉江山，夏桀哪里听得进。有一次，关龙逄又当众劝谏，他一怒之下，就把关龙逄给杀了。当时谁都不敢说一句话，而商汤知道后，却立即派人赶到京城哭祭关龙逄。夏桀非常震怒，下令把商汤抓来，关押在天牢里。

后来商汤被释放，在返回自己部落的途中，看到有人在张网捕捉禽鸟。那人一面张网，一面口中念念有词："从天上飞来的，从地上跑来的，从四面八方冒出来的，都罩进我的网里去！"

商汤把那张网解开三面，只留下一面，也念诵道："网里所有的生灵啊，你们想往左就往左，想往右就往右，想上天就上天，想入地就入地，不想出去的就留在网中。"

人们听说后，都赞颂道："商汤的品行真是高尚啊！"

商汤看到夏桀越来越昏庸、暴虐，百姓的日子越来越难过，便下了推翻夏朝统治的决心。但在表面上，他还装作服从夏桀，暗中却加紧扩充势力。

夏桀迷信鬼神，十分重视祭祀天地祖宗，而紧邻商部落的葛部落却不这样做。

商汤派人去责问葛部落的首领葛伯："你们为什么不按时祭祀？"

葛伯回答："我们这里穷，拿不出能当祭品的牲口。"

商汤便派人送了一批牛羊给葛部落当祭品。葛伯收下牛羊后，还是不举行祭祀典礼。

商汤又派人去责问葛伯："已经给了你们牛羊，为什么还不举行祭祀？"

葛伯振振有辞地说："我们没有粮食，怎么来祭祀呢？"

商汤又派一些年轻力壮的人帮葛部落耕种，还派一些年老体弱的人给在农田里劳动的人送饭。不料他们走到半路上，饭菜被葛伯的手下抢去，其中一人还被杀害了。

葛伯的行为激起了人们的公愤，商汤乘机发兵把葛部落消灭了。接着，商汤又陆续把夏的联盟韦、顾、昆吾等部落消灭了。经过十一次出征，商事实上已成为当时最强大的一个部落，但这没有引起昏庸的夏桀重视。

商汤就和伊尹商量，是否可以马上去讨伐夏桀。伊尹认为："目前夏桀还有一定的实力，我们不妨先停止朝贡，看看他有什么反应。"

商汤接受伊尹的建议，停止向夏桀进贡。夏桀大发雷霆，下令九夷发兵进攻商部落。

伊尹对商汤说："现在夷族还听从夏桀的指挥，我们不能轻举妄动。"

于是，商汤赶快向夏桀请罪，并马上恢复进贡。一年后，九夷中一些部落不堪忍受夏桀的欺压，纷纷叛离夏朝。伊尹又及时提醒商汤："讨伐夏桀的时机到了。"

夏朝毕竟已经相传了四百年，要推翻它也不容易。商汤在出征前召集将士开了个誓师大会，分析了形势，对大家说："不是我想反叛，实在是因为夏桀作恶多端，上天的意旨要我消灭他，我不敢不听从天命啊！"

商汤以上天的名义来动员将士，其实将士们都恨不得夏桀早点灭亡，因此士气高涨，作战英勇，一下子就把夏桀的军队打败了。夏桀一看大势已去，连忙向南方出逃。商汤乘胜追击，把夏桀流放在南巢。夏朝就这样灭亡了，取而代之的是商朝。

汤王是我国古代最有德行的圣君之一。他的功德受到人们的尊敬。据说商朝建国不久，亳州连年大旱，滴雨未落，用了各种办法求雨都无济于事。后来巫师卜一卦，说应用人作为祭品，老天才能下雨。汤王就长叹一声说："求雨是为造福百姓，怎能让人民作牺牲呢?"过了一会儿，他断然说:"假如定要如此，那就让我来吧!"于是他选了一吉日，到了那天，汤王经过沐浴，剪掉头发和指甲，身穿一件白色粗布衣裳，跪在神台前祷告:"天呀，我一人有罪，不要连累万民，万民有罪都在我一个人身上，请上天对我这个罪王进行惩罚吧。"接着由巫师搀扶着登上了一个高高的柴堆，参加求雨，百姓跪在柴堆周围望着贤王的身影，一个个泪如泉涌，点火的时候到了，巫师们用火把，把柴堆点着了，片刻间浓烟滚滚，把汤王围在火焰之中。说来也巧，正在这时天空电闪雷鸣，大雨倾盆而下，人们在欢呼中把汤王从柴堆上扶下来，送回宫中。

汤王在位十三年，死后葬于亳州。桑林求雨的故事代代相传，汤王的功德被世人所赞扬。

7. 姜太公扶周灭商

姜子牙，商朝末年人。相传姜子牙的先祖本是个贵族，在舜帝时做过官，而且屡立战功，但到了姜子牙出世以后，家境已经败落了，成了普通的贫民。他年轻的时候，当过屠夫，也开过酒店，但他人穷志不短。无论是宰牛，还是做生意，姜子牙始终勤奋刻苦地学习天文地理、军事谋略等知识，并研究治国安邦之道，期望能有一天为国家施展才华。

姜子牙是个有雄才大略的人，他胸怀济世之志，想实现自己的抱负，可他生活的年代正是殷商走向衰亡时期，一直怀才不遇。后来，他听说当朝贤主周文王的圣名后，便来到渭水河畔，假借垂钓之名来观望时局，希望能得到周文王的赏识，使自己的才华得以施展。他在渭水河边钓鱼已经很久了，在他投竿抛饵、两膝跪踞的石头上，已磨出了两个浅浅的小坑，还是毫无收获。人们都劝他放弃——认命吧，他却说："你们不懂其中的奥妙！"于是大家都说他是疯老头。

姜子牙想想也是，不能傻等啊，怎么办呢，他想了个主意。一天，他正在钓鱼，从大路上过来两个人，每人牵着一匹高头大马，武将打扮，正值中午，马要饮水，人要洗脸。姜子牙看了一眼其中一个的面相，长长地叹了一口气说："老朽看你印堂发黑，如果现在回去马上救治还来得及，不然的话，七天内必死。"哪想到这两人冲着姜子牙哈哈大笑了一阵，毫不在意地扬长而去。原来这两人是周文王手下的副将，其中一个人在第五天突然生病而死。

"渭水河边有个钓鱼的疯老头能断人生死。"这件事一时在城里传了出去，姜子牙的名声大振。同时，这个传闻也传到了周文王的耳朵里，但开始周文王并没有放在心上——一个钓鱼算卦的疯老头，对国家能有什么用呢？

日子就这样一天天一年年地过着，姜子牙还是天天在渭水河边钓鱼。

一天，周文王准备出去打猎，找人算卦，占卜的结果是："出猎所获不是龙也不是貑，不是虎也不是熊，而是能够辅佐你成就霸业的人才。"周文王于是满心欢喜地外出打猎，不经意间就来到了渭水之滨。

姜子牙看见一个王者打扮的人向这边走来，心想，今天的鱼该上钩了。文王见这位垂钓老者有一副超然物外的神情，便产生好奇心，于是上前与他交谈起来。姜子牙不失时机地告诉文王自己的身世，两人谈得非常投机。让周文王惊讶的是，一个天天以钓鱼为乐的疯老头，不但精通五行数术及用兵之法，还精通天下大事以及国家的武攻文治。

周文王心想，此人就是能够让我成就霸业的人才吧。文王把姜子牙请到西岐，拜为太师，执掌周室军权，文王高兴地感叹："我的先祖太公，早就寄希望于你啦！"这就是有名的"姜太公钓鱼，愿者上钩"的故事。

如今当了太师的姜子牙，帮助周文王制定了一系列发展经济的政策：对内，农人租用公田，只缴纳九分之一租税的低税制度；给大大小小的官吏"分地"，作为官吏的俸禄，而且子孙可以承袭等。这样，不但调动了农人在官田上努力生产、官吏们自觉地搞好"分地"生产的积极性，极大地促进了生产力的发展，还为有朝一日兴兵伐纣奠定了稳固的经济基础。对外，协助周文王实行韬光养晦、孤立瓦解的策略，对商王他表面上表现得谦和恭顺，暗中却采取种种手段，拉拢争取殷商王朝的其他属国，使殷商越来越孤立，结果许多诸侯国和部落陆陆续续地弃殷而投周，这样，就又为最后消灭纣王，创造了有利的外部条件。

周文王死后，他的儿子姬发继位，这就是周武王。这时，周朝已羽翼丰满，国势日隆而殷，商王朝已出现了土崩瓦解之势。姜子牙审时度势，认为伐纣的时机已到，便亲任主帅统领大军，以"吊民伐罪"为口号，联合诸侯各国出兵直取商都。经过牧野一战，大败商军，迫使商纣王连夜出逃，与妃子妲己投火自焚于鹿台。

中国历史上的殷商王朝至此便宣告灭亡了，姜子牙终于完成了扶周灭商的宏图大业。

8. 郑庄公黄泉见母

　　春秋时，郑武公的夫人姜氏有两个儿子，大儿子是姜氏在睡梦中生下的，姜氏醒来后吓了一大跳，因此就给他起名为寤生。二儿子段长得一表人才，又武艺高强。姜夫人很喜欢段，不爱寤生，她一直劝武公立段为世子，武公没有答应，仍立寤生为世子，只给段一个叫共的小城，姜氏很不高兴，却又无可奈何。

　　郑武公死后，寤生即位，就是郑庄公。姜夫人就开始和段密谋篡权。大臣都劝庄公早点动手，庄公因为母亲和弟弟的阴谋没有明显暴露，就迟迟不动手。

　　一天，庄公假装外出，姜夫人和段以为有了机会，就公开叛乱，结果被庄公一网打尽。段畏罪自杀。庄公让人把姜夫人和段密谋的信件交给姜夫人，说："不到黄泉，永不相见！"姜夫人也觉得没有脸见儿子，就搬到颍地居住。

　　当时，有一个叫颍考叔的人，知道了这件事情后，就带上几个猫头鹰的头去见庄公。两人见面后，庄公问："你手里拿的是什么鸟的头？"考叔说："这鸟叫猫头鹰，长大后就吃了哺养自己的母亲，是不孝之鸟，所以我专门杀这种鸟。"考叔拣了几块好肉包起来，放在袖中。庄公觉得奇怪，问："你这是干什么？"考叔说："我家里穷，平常没什么好吃的孝敬老母亲，所以每次有了好吃的，我就拿一些给母亲，让她老人家能尽量高兴。"庄公一听，长叹一声，说："你虽然贫穷，却有母亲，我虽贵为国君，却没有母亲！"

考叔明知故问："您母亲姜夫人不是身体很好吗？"庄公停了一会儿，就把发生的事情原原本本对考叔说了。颍考叔听了以后，说："如果您顾虑黄泉见母的誓言，我倒有一个办法。"庄公连忙问："先生你说怎么办？"考叔说："您找一个地下有泉水的地方一直往下挖，挖到有了泉水后，就在泉水旁边盖一个地下室，然后把您母亲接到地下室，您不就可以与母亲相见了吗？"

郑庄公听了大喜，马上就让颍考叔带人去办。等挖到泉水，地下室盖成后，颍考叔把姜夫人接到地下室，然后就派人去通知郑庄公。郑庄公急忙来到洞边，沿着梯子走进地下室，泉水汩汩地流着。

庄公一见姜夫人，一头跪倒在地，说："儿寤生不孝顺，请母亲宽恕罪过！"姜夫人连忙扶起儿子，说："都怪当母亲的我糊涂，与你没关系。"说完，母子俩抱头痛哭，然后，庄公扶着母亲走上地面，亲自赶车把母亲接到宫里。

姜夫人与郑庄公母子团聚，十分感激颍考叔，就封他为大夫。

9. 管仲辅佐齐桓公称霸

管仲是春秋时期的齐国人，也是当时齐国著名的政治家。管仲的祖先曾经是名门望族，他父亲管庄曾做过齐国的高官，后来家道中落，到管仲这一代已经很贫穷。为了谋生，管仲到过许多地方，接触过各式各样的人。

管仲有位好朋友鲍叔牙，两人友情很深。他俩一起经商，赚了钱管仲总是多分给自己，少分给鲍叔牙。而鲍叔牙对此从不和管仲计较。对此，人们背地议论说，管仲贪财，不讲友情。鲍叔牙知道后就替管仲解释，说管仲不是不讲友情，只贪图金钱，他这样做，是由于他家贫困，多分给他钱，是自己情愿的。

管仲三次参加战斗，但三次都从阵上逃跑回来。因此，人们讥笑他，说管仲贪生怕死，没有勇敢牺牲的精神。鲍叔牙听到这讥笑后，就向人们解释说，管仲不怕死，因为他家有年迈的母亲，全靠他一人供养，所以，他不得不那样做。

管仲也多次想为鲍叔牙办些好事，不过都没有办成；不但没有办成，反给鲍叔牙造成很多麻烦，还不如不办好。因此，人们都认为管仲没有办事本领，鲍叔牙却不这样看。他认为事情之所以没有办成，只是由于机会没有成熟罢了。在长期交往中，两人结下了深情厚谊，管仲多次对人讲过："生我的是父母，知我的是鲍叔牙。"

公元前 674 年，齐僖公死了，留下三个儿子，太子诸儿、公子纠和小白。按照长子继位的传统，太子诸儿成为齐国国君，叫齐襄公。当时，管仲和鲍叔牙分别辅佐公子纠和公子小白。一对好友，给两个公子当师傅，实为美谈。

几年后，齐国内部叛乱终于爆发，齐襄公被杀死。经过激烈的斗争，公子小白做了国君，这就是历史上有名的齐桓公。齐桓公即位后，急于扩大齐国的实力，因此准备请鲍叔牙出任宰相。鲍叔牙却向他推荐管仲。齐桓公听从了鲍叔牙的建议。

齐桓公问管仲，"我想使国家富强、社会安定，要从什么地方做起呢？"管仲回答说："必须先得到人民的支持。""怎样才能得到人民的支持呢？"齐桓公接着问。

管仲回答说："要得到人民的支持，应当先从爱惜百姓做起；国君能够爱惜百姓，百姓就自然愿意为国家出力。而爱惜百姓就得先使百姓富足，百姓富足而后国家得到治理，那是不用说的道理。"

这时齐桓公又问："百姓已经富足安乐，军队武器不足又该怎么办呢？"管仲说："军队在精不在多，军队的战斗力要强，士兵的士气必须旺盛。如果士兵的士气旺盛，这样的军队还怕训练不好吗？"

齐桓公又问："士兵训练好了，如果财物力量不充足，又怎么办呢？"管仲回答说："要开发山林、开发盐业、铁业，发展渔业，来增加财源。发展商业，收取天下物产，互相交易，从中收税。这样财力自然就增多了，军队的开支不就可以解决了吗？"

经过这番讨论，齐桓公非常兴奋，就问管仲："兵强、民足、国富，就可以争霸天下了吧？"管仲却严肃地回答说：

"不要急，还不可以。争霸天下是件大事，切不可轻举妄动。当前迫切的任务是百姓休养生息，让国家富强，社会安定，不然，很难实现称霸目的。"

由于管仲系统地讲了治国称霸之道，让齐桓公的全部问题都迎刃而解，不久就被正式任命为宰相，主持政事。为表示对管仲的尊崇，人们称管仲为"仲父"。

经过近三十年的苦心经营，齐桓公在管仲的辅佐下成为当时人们公认的霸主。管仲虽然为齐桓公创立霸业立下了不朽的功勋，但他仍然谦虚谨慎。公元前645年管仲病逝。

10. 晋文公定国安邦

重耳在秦国的帮助下，回到晋国做了国君，这就是晋文公。在晋惠公手下当过大夫的吕省、郤芮，虽已投降，但一起秘密策划要杀死晋文公，另立别人做国君，又派人把捉拿过晋文公的勃抵叫到家里，结成同盟。

勃抵把吕、郤准备焚宫造反的企图和盘托出，晋文公听罢，大吃一惊，连夜制定策略，粉碎了叛乱。晋文公平息吕、郤叛乱后，举行了复国封赏大典，原来跟随他逃难的人，一下子都加官晋爵，成了晋国显赫一时的人物。那些同情过、接济过他的人，也都做了官。从此，晋国结束了动荡不安的局面。

在封赏中，不见有跟文公一齐出逃的介子推，介子推有个邻居名叫张解，听到此事，更是愤愤不平。一天他听说晋文公下令寻找那些该封赏而没有受到封赏的人，就连夜写下一篇寓意深长的诗文，挂到了朝门上。晋文公看后，想起了逃亡路上割股啖君的介子推，于是派人去寻找介子推，却没有找到。

介子推是个性格耿直的人，回到绛都后，只朝见过一次晋文公，以后便托病在家，编织草鞋，伺候老母。别人劝他赶快去找晋文公请赏，介子推只是微微一笑，并没有作声。他的老母亲听到这个消息也劝他去找晋文公，介子推说："我既不想做官，又不想得利，见他做什么呢！"母子二人后来到了绵山隐居。

晋文公派人找了很久，也没有找到介子推，这时，有人建议说："介子推最孝顺。如放火烧山，他一定会背着老母亲跑出来。"文公便下令烧山，一连几天，大火才灭，可是，介子推始终没有出来，晋文公派军士搜山，只见他们母子二人相抱在一起，死于大树底下。文公后悔万分，就把介子推安葬在绵山之下，并为他建立一座祠庙。为了世世代代纪念介子推的功劳，晋文公还下令，把绵山改为"介休"，意思是介子推休息的地方，并把树根刨了起来，命匠人做成两双木鞋，不时穿在脚上，呼为"足下"，以表示对介子推的思念。

烧山那天，正是农历清明节前一天，后来为了纪念介子推，清明前一天禁烟止火，只吃冷食。这就是"寒食节"的来由。从此以后，我国北方各省，相沿成俗，年年都过寒食节，一直流传至今。

公元前 634 年，就是晋文公即位的第二年春天，太叔（周襄王的弟弟）在狄兵的援助下，攻占了王宫，窃取了王位。天子命晋、秦两国出兵讨伐太叔。

晋文公听了命令，立刻与文臣武将商量出兵事情。晋文公选定吉日良辰，亲自挂帅，率领军队所向披靡，围攻温地。太叔正准备乘车逃跑时，被晋将魏仇一刀杀死。晋军平息了太叔的叛乱，迎周天子还朝。

晋文公收复了新封的四个地方以后，不久，就收到宋成公求救的紧急文书。

原来，居住在南方的楚国联合陈国、蔡国、郑国、许国四个小国的兵力，一同攻打宋国，先头部队已经包围了宋地缗城。宋国虽是个小国家，但它却是公国（一等诸侯国），眼看就要亡国，宋成公想到了晋文公重耳，他当初曾在宋国避过难，于是便派司马公孙固前往晋国求救。

晋文公接到求救文书后，立刻召来他的心腹大臣，商量对策。晋文公经过充分的准备，动身去攻打曹国和卫国。晋军开到五鹿城下，城中守兵，纷纷逃窜，晋文公不失一兵一卒，便得了卫地五鹿。后来，晋军又联合齐军，力量更加强大。卫成公看到五鹿已失，感到卫都也守不住了，便让他的弟弟叔武代理国家大事，自己躲到襄乐去了。晋军顺利地占领了卫国都城。

晋文公一举灭了卫国后，紧接着便去攻打曹国。晋军已兵临城下，曹共公和一些谋臣，不得已想出一个假投降的计策来。晋文公接到他们的降书后，信以为真，就要进驻曹都。

为了试探虚实，黄昏时分，晋军派人身穿晋文公的衣服，乘坐国君的车子，在一群将士的簇拥下，长驱直入曹都。走到城中，突然箭如飞蝗，可怜刺探虚实的三百名晋军，全部死于乱箭之下。

曹共公原以为杀死了晋文公，解除了心头大忌，等到天明，却发现是假的。为了瓦解晋军，曹军又将晋军的所有尸首吊在城墙上。

晋军一时没有攻下城都，士气受挫。晋文公召集文武大臣，商议破曹之计。有人建议说："曹君吊我将士尸体，我为何不挖曹君的祖坟呢！"晋军真的这样办了。

曹共公在城楼上看到晋军挖曹君先人的坟墓，急忙喊道："不要挖我祖坟，今日真的要投降了。"晋军提出条件，让曹君把晋军尸体，全部装棺入殓，送出城来。

三天以后，曹共公果然照晋军的条件，把所有晋军尸体装入棺材，送往城外，事先埋伏在城门外的晋军，一跃而起，冲进城去，杀死了曹共公和大将于朗，灭掉了曹国。

晋军伐卫破曹，威名大震。各国围宋之兵，纷纷撤走，宋国也就转危为安了。

晋文公是在楚国避过难的人，他本来不愿意同楚国打仗，可是楚国连连挑起纠纷，攻打晋国盟邦，因此使文公十分为难。晋国大将先轸等人，看到楚军漫山遍野冲杀过来，立即命令军队，准备迎战。

狐偃见势急忙劝阻说："当年，文公在楚国避难时说过，如果两国一旦打起仗来，晋军要退避三舍，现在楚军初到，就要迎战，难道不失掉文公的信用？"

文公认为狐偃的话说得有理，便命晋军从住地先退一舍（一舍为三十里），以回避楚军。后来，他望见楚军还在向晋军进迫，又下令退了一舍。没多久，楚军又追上来了，文公又下令再退避一舍，先后三次，总共退了九十里，到了城濮，才驻扎下来。恰在这时，秦国、齐国援宋的军队，也先后到达，与晋军会合一处，准备共战楚军。

楚军一路追杀，眼见晋军连退三舍，以为晋国帅将士卒都是贪生怕死之辈，越发趾高气扬起来。楚军元帅骄傲自大，不把晋军放在眼里，见晋军元帅先轸诈败，就率领大军，直扑晋军，先轸且走且战，到了伏兵的地方，晋军、齐军、秦军、宋军一齐杀出，把楚军先后截成几节，切断了他们的归路，大败楚军。

从此，晋文公就成为春秋时代的"五霸"之一，他还召
开了有十来个诸侯参加的大会，共同订立中原盟约，辅佐周
天子，保卫中原各国的安全。

11. 晏婴雄辩四方

　　晏子名婴，是春秋后期一位重要的政治家、思想家、外交家。司马迁将其比为管仲，推崇备至，用"不辱使命，雄辩四方"八个字来形容他的外交能力。

　　春秋中期，诸侯纷立，战乱不息，中原的强国晋国谋划攻打齐国。为了探清齐国的形势，便派大夫范昭出使齐国。齐景公用盛宴款待范昭。席间，正有几分醉意之时，范昭借酒劲向齐景公说："请大王给我一杯酒喝吧！"景公回头告诉左右待臣道："把酒倒在我的杯中给客人。"范昭接过侍臣递给的酒，一饮而尽。齐相国晏婴在一旁把这一切看在眼中，厉声命令侍臣道："快扔掉这个酒杯，为景公再换一个。"依照当时的礼节，在酒席之上，君臣应是各自用各人的酒杯。范昭用景公的酒杯喝酒违反了这个礼节，是对齐国国君的不敬，范昭是故意这样做的，目的在于试探对方的反应如何，但还是被晏婴识破了。

　　范昭回国后，向晋平公报告说："现在还不是攻打齐国的时候，我试探了一下齐国君臣的反应，结果让晏婴识破了。"范昭认为齐国有这样的贤臣，现在去攻打齐国，绝对没有胜利的把握，晋平公因而放弃了攻打齐国的想法。靠外交的手段使敌人放弃进攻的打算，即所谓"折冲樽俎"，这个典故就是来自晏婴。

晏婴不但在迎接外国使节的时候做到了堂堂正正，而且在出使外国之时，也能随机应变，不辱使命。

春秋末期，诸侯都害怕强大的楚国，楚国成了诸侯国中的霸主。齐相国晏婴，奉齐景公的命令出使楚国。楚灵王听说齐使者是相国晏婴后，对左右说："晏婴身高不足五尺，但是却凭借贤能闻名于诸侯，我认为楚强齐弱，应该好好羞辱齐国一番，以扬楚国之威，如何？"太宰一旁言道："晏婴善于应对问答，一件事不足以使其受辱，必须像这样才可以。"楚王很高兴，决定按计行事。

晏婴身穿官服，乘车来到了楚国都城东门，见城门未开，便命令人喊门，守门人早已得了太宰的吩咐。指着旁边的小门说："相国还是从这狗洞进出吧！这洞口宽敞有余，足够您出入，又何必费事打开城门从门而入呢？"晏婴听罢，笑了一笑，言道："这可是狗进出的门，又不是人进出的门，出使狗国的人从狗门出入，出使人国的人从人门出入，我不知道自己是来到了人国呢，还是狗国呢？我想楚国不会是一个狗国吧！"守门之人将晏婴的话传给了楚灵王，楚灵王听罢，沉思了一会儿，无可奈何地吩咐打开城门，让晏婴堂堂正正地进入了楚国都城。

楚灵王一见到晏婴，马上问："齐国是不是很缺乏人才？为什么派你这样一个矮子来出使楚国？""大王，齐国人多着呢。国都临淄人口百万，每人呼一口气，可以呼气为云，每人淌一滴汗，可以挥汗如雨，行人来往川流不息，又怎么能没有人才？只是我国有一个规矩，贤明之人出使贤国，没有才能的人出使没有才能的国家，大人出使大国，小人出使小国，而今我无才无德，只好来楚国为使者，希望大王原谅。"

楚王一时无以应对，正好一对武士押着一名犯人从殿前经过，楚王问道："这个人是哪一国人？犯了什么罪？""齐国人，犯的是盗窃罪。""晏相国，齐国人有偷东西的毛病吗？"晏婴知道楚王是以此来取笑自己，报刚才之辱，于是从容不迫地回答说："小臣我听说：橘子种在淮水以南称为橘子，甜美无比，而将其移至淮水以北，则变成了枳树，枳树之果，小而酸涩，苦不可食，之所以会有这两种截然相反的情况，实在是土地的缘故。原来这个齐国人出生在齐国，并非盗贼，而是一个良民，可是为什么来到楚国，却变成了盗贼呢？是楚国使他发生了这种变化，齐人之于楚国正如橘子之于淮北，这与齐国又有什么关系呢？"

楚王叹息说："我本来打算让您在今日受羞辱的，哪里想到竟被您嘲笑了，这是我的过错，请您原谅吧！"于是楚王善待晏婴，晏婴圆满完成了使命，回到齐国。晏婴面对盛气凌人的楚王，毅然予以反击，他不卑不亢，不仅维护了个人的名声，最终还是在维护齐国的声威。

12. 东方"兵圣"——孙武

孙武，春秋时期吴国名将和伟大的军事理论家。孙武从小就喜爱兵法，渴望探求战争制胜之道，以备将来登坛拜将，沙场点兵，在战争舞台上干出一番惊天动地的事业。可惜当时齐国内乱不止，几大家族争权夺利纷争不休。孙武不想卷入到家族斗争中，全家迁到了南方的吴国，耕种隐居，专心写兵书，寻求新的发展机会。

当时吴王阖闾刚夺得王位，一心想扩充军备，建立霸业，迫切需要统领军队的大将。孙武就受到好朋友、当时担任吴国大臣的伍子胥推荐，并把自己写的十三篇兵法献给吴王。吴王将这十三篇兵法一一看完，赞不绝口，但不知道孙武是否能将这些理论运用于实战，就问他："你的十三篇兵法，我都看过了。你可以试一下指挥队伍吗？"孙武回答说："可以"。吴王又问道："可以用妇女来试吗？"孙武答："可以。"于是，吴王派出宫女共一百八十人，交由孙武操练。

孙武把宫女分成两队，以吴王宠爱的两名妃子担任队长，并命令所有人都拿着戟。孙武问道："你们都知道自己的前心、左右手和后背吗？"宫女们回答："知道。"孙武又解释说："向前，就是看前心所对的方向；向左，看左手方向；向右，看右手方向；向后，转身朝背的方向。"宫女们回答："是。"孙武命人将执法用的斧钺竖立起来，反复重申军法，然后击鼓发令向左，然而宫女们听见鼓声，觉得好玩极了，个个捧腹大笑。孙武说："是我规定不明确，使你们对军令军法不熟悉，错在将帅。"于是再次三令五申，击鼓发令。宫女们仍大笑不止。孙武说："规定不明确，军令军法不熟悉，是将帅之错；既然已反复地说明了，仍不执行命令，那就是下级军官的错了。"接着下令将两位队长杀了。

吴王见孙武要杀掉自己的爱妃，慌忙派人来传命说："我已经知道将军善于用兵了。没有这两个爱妃，我连饭也吃不下，请将军不要杀她们。"孙武坚决拒绝说："我既然已经接受命令担任将领，将在军中，君命是可以不接受的。"还是杀掉了两位妃子。

接着，孙武任命两队排头的宫女为队长，重新击鼓发令，这下宫女们左右前后看齐，都合乎规定和要求。孙武派人向吴王报告说："队伍已训练整齐，请吴王下来看看！这样的队伍，无论君王怎样使用它，即便是赴汤蹈火，也是可以的。"吴王失去爱妃，痛心不已，不想下去看。孙武说："看来吴王只是喜爱兵法上的词句，并不想真正去运用它。"吴王虽不高兴，但却因此了解到孙武是一位既能著书立说，又能统兵作战的军事奇才，终于封孙武为将军，令他日夜练兵，准备伐楚。

公元前 506 年，吴王让孙武担任主将，率领三万精锐部队，向西进攻楚国。孙武用三千五百名精锐士兵担任先头部队，迅速地通过楚国北部大隧、直辕、冥阨三关险隘。楚军措手不及，被迫在柏举仓促应战。楚军大败，吴军乘胜追击，先后用"半渡而击"等兵法，十一天行军七百里，五战五捷，一举攻陷楚都郢都。楚昭王弃城仓皇南逃。柏举之战成了中国战争史上以三万人胜二十万人的以少胜多的光辉战例。

公元前484年，孙武再次显露出其杰出的军事才能，辅佐吴王夫差在艾陵之战中战胜齐国，从而使吴国国威大振，在两年后的黄池会盟中取代晋国成为霸主。

孙武被后人尊崇为"兵圣"、"兵家之祖"和"兵家之师"，除了他战功显赫外，更主要的是他留给后世一部不朽的军事名著——《孙子兵法》。该书有十三篇，共五千余字。但这短短的几千字里却包含着一个博大精深的理论体系和十分丰富的思想内容，对中国军事学术的发展产生了巨大而深远的影响。历代兵家、军事家无不从中汲取养料，用于指导战争实践和发展军事理论。《孙子兵法》现今已翻译成二十九种文字，在世界上广为流传。

13. 孙叔敖清廉为民

孙叔敖是春秋时楚国著名宰相。他因义杀两头蛇，为民除害而享誉乡里。因为品德高尚、学问渊博而被楚国令尹虞丘推荐担任宰相的职务。

孙叔敖担任宰相后，许多人都来祝贺。有一位老人见到孙叔敖后没有一句祝贺的话，反而讲了三句不中听的话，特别是"地位越高越不能骄傲而脱离百姓"这一句，孙叔敖连连点头称是。

孙叔敖来自民间，对民众的心愿有切身体会。他按照老者话，制定"施教导民"的治国安邦方针，那就是不靠政令强行推行，而是依农时，顺民意，由官府带头倡导，让百姓仿效。

秋冬农闲，官府引导百姓进山砍伐竹木，猎取禽兽；春夏河水上涨，又引导百姓用河水运出山里的竹木和捕捞鱼虾。楚庄王曾下诏将钱币造大，结果民众感到携带不便，造钱业主嫌成本提高而纷纷转行，导致市场混乱。孙叔敖顺民意，建议楚庄王恢复原制。楚国当时有一习俗喜欢坐矮车，马高车矮，行车不快，楚庄王想下令改革。孙叔敖表示赞成但他不赞成发布政令，而建议将乡间的门槛提高，让矮车无法通行，并将官府的车辆变成高车，自由通行。不到半年，全国的马车都变成了高车。这些措施的实施，使楚国经济迅猛发展，百姓安居乐业。

孙叔敖做宰相清正廉洁，没有一点家产。他死后几年，儿子生活贫困，以上山砍柴为生。孙叔敖的好友优孟得知后，上朝时打扮成孙叔敖的模样。楚王一看吃了一惊，细看才知道是优孟，便想让优孟任令尹。优孟说："孙叔敖为国立下奇功，死后儿子砍柴为生。我的才能远不及孙叔敖，去当令尹，将来儿子恐怕要讨饭。"一句话提醒了楚王，立即下令给孙叔敖儿子重赏封地。

孙叔敖的儿子按照他父亲的遗嘱，不要肥缺城邑，只求脊薄寝丘。楚庄王未与强求，封寝丘四百户赋税，还夸奖贤人的后代有贤明的风范。按楚国规定，功臣的封地经过两代，两代以后就收回。由于寝丘人皆弃之，孙叔敖的子孙封地一直传了十几代。

14. 子产治国"宽猛相济"

　　子产，春秋时期著名的政治家
和思想家，公元前554年任郑国卿
后，实行一系列政治改革，将郑国
治理得秩序井然。

　　子产年青时就表现出远见卓
识。郑简公元年（公元前565年），
其父公子发率军攻蔡，大获全胜，
郑国人都欢天喜地。他却指出这将
导致楚国和晋国反击，而使夹在中
间的郑国饱受战祸。

　　两年后，公子发在贵族内讧导致的政变中被杀，郑简公
亦被劫持到北宫。子产沉着机智，部署周密后率家兵攻打北
宫，在国人的支援下平息叛乱。新任执政公子嘉制订盟书，
强调维护个人特权，引起贵族大臣反对。公子嘉打算强制推
行，子产又劝他焚毁盟书，平息众怒，以稳定政局。

　　在同霸主晋国的一系列交涉中，子产据理力争，不卑不
亢，尽量维护郑国的权益。简公十八年，他随执政公孙舍之
攻打陈国，注意军纪，遵守传统礼制。事后在向晋国献捷
时，又有理有据地驳回了晋人的责难，迫使其承认郑国的战
绩。为此郑简公给予子产重赏，他只接受了与其地位相称之
部分。

　　次年，楚康王为抚慰许国率军伐郑，子产主张坚守不

战，让楚军获取小利后满意而归，以换取长期的和平。郑人照此办理，果然促成了"弭兵之盟"。简公二十三年，郑国大臣内讧，执政伯有被杀。子产严守中立，以其卓越的才能受到多数人的尊重，遂在显贵首领罕虎的支持下，出任执政。

子产治国特别注意策略，他一方面照顾大贵族的利益，团结依靠多数；一方面对个别贪暴过度的贵族断然给予惩处，以维护政府威信。他不毁乡校，允许国人议论政事，并愿从中吸取有益建议。而对自认为有利于国家的改革，却不顾舆论反对，强制推行。

对于晋、楚两霸，他既遵照传统礼制谨慎行事，不给对方寻衅的借口，又在有条件时大胆抗争，驳斥其无理要求。他反对迷信鬼神星象，却又承认贵族横死能为厉鬼，而要将其子孙立为大夫加以安抚。

子产是一位务实的政治家，他虽然力图维护传统的旧制，却不能不适应形势的变化而从事必要的改革。他知道治国必须照顾多数人的愿望和要求，一意孤行则不能成功；遇事应胸有成竹，执行中要坚持既定规划。他还注意搜罗人才，用其所长，并能广泛听取建议，择善而从。

子产执政之初，改革措施也曾遭到广泛斥责，但他不为所动，坚决推行。其后改革成效显著，人们又普遍歌颂他的政绩，甚至担心后继乏人。

15. 至圣先师——孔子

孔子（前551—前479），名丘，字仲尼，生于鲁国，春秋末鲁国陬邑人，是中国古代伟大的思想家、政治家、教育家，儒家学派创始人。

孔子的祖先是宋国贵族，后来逐渐衰落而迁到鲁国。孔子幼年丧父，家境贫寒，年少时做过许多卑贱的工作。他在十五岁时立下了要好好学习各种知识和本领的志愿。十七岁时，母亲去世。依照当时的习俗，母亲是应该和父亲合葬的。孔子知道父亲的坟地在防山，就是现在山东曲阜县东面，就把母亲也葬在那里。

经过发愤努力，过了三四年，他已德才兼备，年纪轻轻，就已出了名。他在十九岁时结了婚，二十岁得了一个儿子。鲁国的国君昭公向他道喜，特地送了一条大鲤鱼来。孔子为了纪念此事，便给孩子取名叫鲤，号伯鱼。伯是老大的意思，因为这是孔子的第一个儿子啊。可是，孔子也只有这一个儿子。

在孔子住宅的附近有一条街叫达巷，达巷里的一个老百姓就这样说过："孔子这么渊博，他会的玩意儿我们简直叫不上名堂来。"孔子听见了，便谦虚地说："我会什么呀？我会赶车罢了。"原来在那时有六种本领是一个全才的人必须具备的，这就是：礼节、音乐、射箭、赶车、识字、计算。在这六种本领里头，赶车是被认为最低下的，所以谦虚的孔子只承认了这一桩。

孔子大概在二十六七岁的时候，才做了一两回小官。他担任的不是行政官，而是做一些具体的工作。一回是当"乘田"，这是管牛羊的官，孔子说："叫我管牛羊，我就要把牛羊养得肥肥大大的。"果然他养的牛羊都很肥壮。另一回是当"委吏"，这是一种会计工作，孔子说："叫我管会计，我就要让账上不会出错儿。"果然他管的账都是一点岔儿也没有。他在青年时期工作就是这样踏实，这样负责的。

从三十岁左右就从事教育的孔子，在任何时期也不曾放弃教育活动，为自己培育的人才出众而感到欣慰，感到自己的主要生活可以拿"学不厌，教不倦"来概括，强烈地意识到教育工作才是自己的本行。

孔子曾经粗略地把他的弟子按照不同特长分为四类，并各举了几个代表人物，这就是，德行：颜渊、闵子骞、冉伯牛、仲弓；政治：冉有、子路；口才：宰我、子贡；文学：子游、子夏。

孔子是主张全面发展的，如果单方面发展，他认为那就像只限于某一种用处的器具了，所以说："有学问、有修养的人不能像器具一样。"可是子贡就有偏于一边的倾向，所以他就批评子贡说："你只是个器具啊！"子贡问道："什么器具呢？"孔子说："还好，是祭祀时用的器具。"意思是说，从个别的场合看来，子贡是个体面的器具，却没有注意到全面的发展。

孔子注重启发，他善于选择恰当的时机给予提醒。他说："如果一个人不发愤求知，我是不开导他的；如果一个人不是到了自己努力钻研、百思不得其解而感觉困难的时候，我也不会引导他更深入一层。譬如一张四方桌在这里，假使我告诉他，桌子的一角是方的，但他一点也不用心，不能悟出其余的三只角也是方的，我就不会再和他废话了。"

孔子对弟子使用的语言往往是含蓄而形象的，让人可以细细体会，却又很具体。孔子看到有些人虽然不是不可教育，但根本不努力；有些人努力却不得其道，因而也没有成就，便对弟子们说："庄稼是庄稼，可是光有苗头，长不出穗儿来的，有的是；长了穗儿却是个空壳儿，不结米粒儿的，也还是有的是呢！"

孔子也常常以自己虚心的榜样来教育弟子。他曾说："我不是生来就知道什么的，我不过是喜欢古代人积累下来的经验，很勤恳、很不放松地去追求罢了。"他又说："三个人一块儿走路，其中准有一位是我的老师。"他还说："我知道什么？我什么也不知道。有人来问我，我也是空空的。但我一定把人们提的问题弄清楚，尽我的力量帮他思索。"

孔子常常以自己不断求知、积极学习态度来鼓舞弟子。他说："我学习的时候，老怕赶不上，又怕学了又丢掉。"他又说："十户人家的村子，找我这样忠厚信实的人不难，可是找我这样积极学习的，就比较少。"他时常以不疲倦地学习，以致忘了忧愁、忘了衰老来形容自己。

学习和思考都重要，他说："光是学习，不去思考，就得不到什么；光是思考，不去学习，也是白费精神。"但孔子更重视学习，他以自己的亲身体验告诉弟子们说："我曾经整天不吃饭，整夜不睡觉，只管想来想去，但是没有什么收获，不如实实在在的学习有益处。"

孔子最反对人在学习上自满。子路看见古代诗歌上有这么两句："也不害人，也不求人，走到哪里，也是好人。"便老背这句话，满足了。孔子于是说："这哪里配称好人呢？"

在学习中，他很注重温习，也就是把学到的东西巩固起来。他说："学会了的东西，时常温习一下，不也很有乐趣吗？"温习就能熟练，熟练就会有创造，所以他又说："温习旧的，能产生新的心得，这样就有资格当老师了。"

孔子对弟子的教育，是结合实际生活来进行的。对于父母要尊敬，想到父母爱护子女就要注意自己健康；与人相处要融洽，但不要迁就；对一般人都要友爱，但更要接近好人；做事要勤快，说话要谦虚谨慎，遇见比自己高明的人要老老实实请教等。

孔子七十三岁时去世，被葬于鲁城（今山东省曲阜市）北的泗水岸边，弟子们以对父亲之礼仪对待孔子，为其服丧三年。子贡在孔子的坟前盖了一间小屋，为孔子守坟六年。这位中国历史上创办私学的先行者，第一位职业教师，得到了弟子们的衷心尊敬。

相传孔子有弟子三千，贤弟子七十二人，曾带领弟子周游列国十四年。孔子一生的主要言行，经其弟子和再传弟子整理编成《论语》一书，成为后世儒家学派的经典。孔子还是一位古文献整理家，曾修《诗》《书》，定《礼》《乐》，序《周易》，作《春秋》。孔子的思想及学说对后世产生了极其深远的影响。

孔子思想还远播海外。公元1971年，美国参众两院立法确定孔子的诞辰9月28日为美国的教师节；新加坡、马

来西亚、印尼等国均把孔子的生日定为教师节或庆祝日。从公元 2004 年开始，中国政府在世界各地设立孔子学院，以传授中华文化。公元 2005 年 9 月 26 日，中国政府在联合国教科文组织设立"孔子奖"，以奖励世界上在教育、文化、哲学等方面有突出贡献的总统、部长和专家。

16. 孔门圣勇——子路

子路在孔门当中是以政事闻名的。子路性格爽直，为人勇武，信守承诺，忠于职守，对孔子的言行，虽然常提出意见，却是个好弟子。

子路少年时期家庭贫困，曾经游历于江湖，性格当中就有几分侠气。子路和孔子年龄相仿，他进入孔门之后，追随孔子周游列国，一路上不断向孔子学习、请教，所以说子路和孔子应该是亦师亦友，像兄弟这样的关系。

子路做官是孔子帮助的。他们在周游列国的时候，卫国的国君派他手下的大臣公孙大夫来请孔子到卫国做官，并且希望孔子可以举荐他学生当中两名出众的从政人才，孔子于是推荐了子路。

子路马上要上任，在这个时候，孔子对子路说："你刚刚开始做官，做的又是予宰，需要整天奔波于农田之间，很辛苦，你愿意去我很高兴，我把我的车送给你。"这也是孔子周游列国仅有的一辆马车，子路听了以后，觉得老师的年纪也大了，而且就这么一辆马车，他自己把车拿走了心里也不踏实，给老师代步还可以方便一点，子路就跟老师说："车我就不要了，我年轻力壮，腿脚也跑得很快，我可以自己走着去，但是，临走之前我希望老师送给我两句话。"

子路临行的时候孔子给他两句忠告："第一，你现在做官了，应该关心百姓，安排好农事、防旱、防涝、防虫灾，而且尽量上奏国君减轻赋税，不要增加百姓的负担。第二，要为民作主，在处理诉讼案件的时候，必须亲力亲为，体察民情，给百姓一个公正的审判。"

子路上任不久，孔子和他的弟子就游历于各国之间，每天都非常惦记子路，因为子路这个人非常的鲁莽，他担心这个弟子在处事的时候会欠考虑，所以他就对学生颜回和子谦说："我们应该看看从政的子路，看子路现在发展得怎么样了。"然后就让子谦赶着马车，一起去到子路任予宰的地方，他们在离卫国不远的地方，看到农田干裂，田里的秧苗基本上都已经枯死了，老百姓都藏在家里，没有一个人出来管农事，孔子觉得心里很凄凉。然后他们继续往前走，刚一踏入蒲地的境内，就看到和刚才完全两样的景象，在田间里、沟渠旁有很多的农民，有的在插苗，有的在拔草，说说笑笑，干起活来非常带劲。

孔子看到之后，就和他身边的学生闵子和颜回说："你们看子路刚刚上任不久，他的政绩却已经表现得很明显了，所以我说他具有从政的才能，千乘之国可以给他治理。"然后他们顺着这条路一直往前走，来到了衙门前，看到衙门里有一些衙役都在往外走，手里还拿着干活的农具，孔子就告诉他们说他是子路的老师，来看看子路，衙役说子路已经带领衙门里的其他人全都到农田里干活去了，孔子听了很高兴，就在衙门里等着子路。

子路回来的时候，挽着裤管和袖子，浑身全是泥，看到老师的时候也忘了劳累，一下子就扑到孔子的跟前，和孔子说起在伏地做官的一些经历。他说："我是完全按照老师的话做的，我只给自己留了一些够我一个人吃的钱，其余的都给了干活的老百姓，希望他们能吃好，然后有力气好好干活。我能体谅到百姓的疾苦，就让衙役和百姓一起干活。"所以老百姓都很听从子路的话，子路让他们做什么就做什么。

子路后来在朝中做了官。在他六十三岁那年，国中外戚篡权，子路挺身而出，单枪匹马与叛臣理论。于是，外戚手下的侠客冲了出来，与子路战在一处。

起初，还有人为子路加油，可子路虽功底深厚，但因年老体衰，敌不过众多侠客。见大势已去，奴才们又给侠客加油，竟向子路扔石头。子路最终被从后偷袭的侠客一刀刺中，发冠的系绳也断了。子路一手捂着伤口，忍着剧痛，用另一只手去扶正发冠。直到倒在地上之时，发冠仍被稳稳的扶在头上。"君子当正冠而死！"

孔子得知消息后，慨然而道："我早已算到子路之死当轰轰烈烈！"

17. 曾参孝行传千古

曾参，字子舆，原费县南武城人。他的先祖原为贵族，但到他这一代时，家境已十分贫寒，不得不靠打柴种地为生。

曾参十六岁拜孔子为师，学习儒学。由于他勤奋刻苦，成绩突出，很受孔子赏识。孔子便将中庸之道的精髓传授给他。曾参根据老师的言传身教，加之自己的探索理解，编写了《大学》《孝经》等重要著作，被封建社会的历代统治者列为儒家经典。他专心致力于儒学研究，并收徒讲学。弟子吴起、子思，再传弟子孟子等，皆受其影响。他是继孔子之后，儒家学派的重要代表人物，被后世尊为宗圣。

在曾参的思想中，最为突出、影响也最大的是他的孝道思想。曾参的孝道思想符合后世当政者稳定社会秩序的需要，越来越被朝廷重视，曾参的社会地位和谥号，也随之被抬高。

曾参以孝出名，孔子便从孝的角度给了他广泛发展的空间。一天，孔子对曾参说："先王用最高的道德方法治理天下，人民和睦相处，上下没有怨恨，你知道吗？"曾参站起来说："我很愚笨，怎么会知道呢？"于是孔子就告诉他，天子、诸侯、大夫以及庶人孝的道理。又说："自天子到百姓，孝无始无终，无尽无休。因而，担心不能尽孝的人从来没有。"于是，孔子便把孝的根本，传授给了曾参，曾参便把孝上升到一种理论，写成了一部《孝经》留传于世。

曾参在日常生活中，每到吃饭的时候，一定都会细心观察和体会父母的饮食口味与习惯，并将父母最喜欢吃的食物牢牢记在心里。因此，一日三餐，曾参总是准备父母最爱吃而又很丰盛的菜肴。

曾参父亲曾点深受圣贤教诲的熏陶，平常乐善好施，经常接济贫困的邻里乡亲。对于父亲的这个习惯，曾参也同样铭记在心，所以，每次父母用过饭后，他都会毕恭毕敬地向父亲请示，这一次余下的饭菜该送给谁。

在曾参的心中，时刻想到的都是父母的需要，父母所喜爱的一切事物，他也都会放在自己的心里，以便随时可以满足父母的心愿。父亲平时很喜欢吃羊枣，曾参就会在外出时尽量给父亲多带回一些。待父亲过世之后，曾参睹物思情，看到羊枣，他就想到父亲在世的情景，心中不免勾起无限的伤痛。所以从那以后，他就再也不忍吃羊枣了。

有一次，曾参到山里头去砍柴，只有母亲在家。不巧家里突然来了客人。母亲一时不知所措，唯恐因待客不周而失礼，情急之下，她就用力咬了自己的指头，希望在山里的曾参心有感应，赶快回家。果然，母子连心，曾参正在山中砍柴，忽然感觉一阵心痛，他马上就想到了母亲，于是，就赶紧背着木柴赶回家中。

还有一次，曾参的妻子蒸梨给年迈的婆婆吃。当时梨蒸得还不熟，她就端给婆婆吃。曾参看了非常生气，也很懊恼，就把妻子休出家门。从此，曾参父兼母职，也没有再娶，通过自己的言传身教，把儿子曾元从小就教得非常好，使他后来也成为了贤达之人。

曾元在他长大成人之后，因为思念自己的母亲，向父亲请求是否可以把母亲接回来住，但是曾参并未答应。他告诉儿子说：人一生最重要的莫过于他的德行，而德行的根本在于孝道。一个女子嫁到丈夫家，最重要的是要使这个家能够承上启下，也就是能孝敬公婆，教导子女，辅佐丈夫。

曾参不但对于奉养父母非常重视，即使在日常生活、言行当中，也非常谨慎，唯恐有辱父母养育之恩，担心因为自己表现不好而使父母蒙羞。

曾子一生秉承孔夫子的教诲，依教奉行，专心致力于孝道，由他所传述的《孝经》也流传千古，直至今日。

18. 烛之武说退秦兵

公元前 630 年，晋秦两路大军包围了郑国的都城新郑。大军兵临新郑城下，郑文公登上城楼眺望，不由吓得手脚发软，只见一片刀剑林立，密密麻麻，延绵数百里。

郑文公召集众大臣商议退兵之策。有大臣说："晋秦两国合兵势不可当，但是秦国同郑国既然没有宿怨，这次出兵必然是应晋国的约请，倘若能说服秦国退兵，那么晋国势孤力单，就不足为惧了。""这倒是个好主意。"郑文公听罢眉头舒展，但随即沉吟道："可是派谁到秦营去游说呢？"

一位大臣提议："派年过七旬、忠贞爱国的老臣烛之武，他年高而睿智，必定能说退秦兵。"郑文公于是请来烛之武，让他去劝退秦兵。烛之武义不容辞地答应下来了。天色一黑，郑文公就让烛之武坐进大笤筐，让士兵一点一点地慢慢把他吊下了城外。

烛之武颤巍巍地拄着拐棍摸向了秦军兵营。见到了秦军守营士兵，说道："老夫是郑国大夫烛之武，特来求见秦国国君。"说完就一屁股坐在了地上。守营士兵见老者气度不凡，不敢马虎，连忙向上通报。当秦穆公闻讯赶到时，烛之武便声泪俱下地号啕大哭。秦穆公叫随行的士兵把松明火把凑近照亮，只见一位白胡子老头老泪纵横，便问道："你有什么事就说吧，哭什么哭。"烛之武抽泣着说："我……我是郑国人……眼看着要亡国了能不哭吗？……"

秦穆公看着烛之武那副悲哀的样子，不由得起了恻隐之心，但仅凭这一点他是根本不可能收兵的。于是他说："你要哭就在城里哭好了，跑到我们兵营前来哭什么？"烛之武索性放声哀号起来："老夫哭郑国，也哭秦国啊！我为秦国哀叹啊！"秦穆公怒道："大胆！秦国有什么好哀叹的？小心我斩了你！"

烛之武这才切入正题说："请恕老臣直言，秦晋两国合攻新郑，郑国的灭亡已成定局，如果郑国的灭亡有益于秦国，老臣又哪敢多嘴？可惜郑国的灭亡对秦国非但无益，反而有损。您何苦远道而来，劳师动众，听任晋国的驱使，却落个得不偿失的结果呢？"最后两句话正好触到了秦穆公的痛处，他便问道："秦国怎么会无益而有损呢？""这不是明摆着吗，郑国在晋国的东边，秦国在晋国的西边，秦国与郑国相距千里，中间隔着一个晋国，郑国一旦灭亡了，尺寸之地都归晋国所有，秦国连边都沾不上啊！""这倒是真的！"秦穆公被烛之武这么一点明，恍然大悟，觉得郑国灭亡对秦国果然无益。

"不但无益，还有损呢！"烛之武继续说道，"秦晋两国毗邻，旗鼓相当，势均力敌，晋国变强就等于秦国变弱。晋国今天向东灭了郑国，说不定哪天就会向西灭了秦国。晋国得到了郑国的土地，实际上就等于削弱了秦国，你这样费力攻打，何苦来着？""我先前怎么就没想到呢？"秦穆公茅塞顿开，连连点头。

"再说，多年来秦国对晋国有大恩大德，又何曾见晋国报答过一丁点？我们郑国的国君可不像晋国的国君那样忘恩负义，如果你真明白了其中的利害，就马上撤兵回去，往后你们秦国的使者若往东边去执行公务，经过郑国，我们国君一定力尽东道之谊，凡是使者往返的一切费用，都由郑国承担。"秦穆公听烛之武说得合情合理，当即答应撤兵，还派人送烛之武回城。

东方渐明，秦穆公把烛之武讲的话琢磨了一遍又一遍，越想越觉得有理，要是晋国灭了郑国，对自己实在不利。为了不让晋国得逞，他便只留下三名将军，带领两千人马，帮助郑国守城。然后自己悄悄拔营西撤，班师回去了。

这件事让晋国知道了，大臣们非常气恼，建议火速追击秦兵，但晋文公害怕扩大同秦国之间的矛盾，没有答应。由于秦军已撤，晋军势单，还担心楚国发兵来救郑国，不几天，也退兵回了晋国。

郑国的一场兵灾，多亏了爱国老臣烛之武，总算化险为夷。

19. 弦高智退秦兵

公元前 628 年，晋文公病死，他的儿子襄公即位。有人再一次劝说秦穆公讨伐郑国。他们说："晋国国君重耳刚死去，还没举行丧礼。趁这个机会攻打郑国，晋国决不会插手。"

留在郑国的将军也送信给秦穆公说："郑国北门的防守掌握在我们手里，要是秘密派兵来偷袭，保证成功。"

秦穆公召集大臣们商量怎样攻打郑国。两个经验丰富的老臣蹇（jiǎn）叔和百里奚都反对。蹇叔说："调动大军偷袭这么远的国家，行军路线这样长，还能瞒得了谁？我们赶得精疲力乏，对方早就有了准备，怎么能够取胜？"

秦穆公不听，命百里奚的儿子孟明视为大将，蹇叔的两个儿子西乞术、白乙丙为副将，率领三百辆兵车，偷偷地去打郑国。

当秦国的大军进入滑国地界时，忽然有人拦住去路，说是郑国派来的使臣，求见秦国主将。

孟明视大吃一惊，亲自接见那个自称"使臣"的人，并问他前来的缘由。那"使臣"说："我叫弦高。我们的国君听到三位将军要到郑国来，特地派我送上一份微薄的礼物，慰劳贵军将士，表示我们一点心意。"接着，他献上四张熟牛皮和十二头肥牛。

孟明视原来打算在郑国毫无准备的时候，进行突然袭击。现在郑国使臣老远地跑来犒劳军队，这说明郑国早已有了准备，要偷袭就不可能了。他收下了弦高送的礼物，对弦高说："我们并不是到贵国去的，你们何必这么费心，回去吧。"

弦高走了以后，孟明视对他手下的将军说："郑国有了准备，偷袭没有成功的希望。我们还是回国吧。"说罢，就灭掉滑国，回国了。其实，孟明视上了弦高的当。弦高是个牛贩子。他赶着牛到洛邑去做买卖，正好碰到秦军。他看出了秦军的来意，要向郑国报告已经来不及。他急中生智，一面冒充郑国使臣骗过孟明视，一面派人连夜赶回郑国向国君报告。

郑国的国君接到弦高的信，急忙叫人到北门去观察秦军的动静，果然发现秦军把刀枪磨得雪亮，马匹喂得饱饱的，正在做打仗的准备。郑国人就毫不客气，向秦国的三个将军下了逐客令，说："各位在郑国住得太久，我们实在供应不起。听说你们就要离开，就请便吧。"

三个将军知道已经泄露了机密，眼看呆不下去，只好连夜带人马撤出郑国。

20. 豫让为知己者死

豫让是春秋晋国人，公元前453年，当时晋国有六大家族争夺政权，豫让曾经在范氏、中行氏手下工作，并没有受到重视；后来投靠智伯，智伯非常看重他。

赵襄子与智伯之间有极深的仇怨，赵襄子联合韩、魏两家，消灭智伯，并将他的头骨拿来当酒杯。豫让认为，一个有价值的人，应该为赏识自己的人不惜牺牲生命，就好像一个女子，应该为喜欢她的人做最美丽的装扮，于是下定决心为智伯复仇。

他先是改名换姓，冒充仆人，混进宫廷，企图藉整修厕所之机，以匕首刺杀赵襄子。可是赵襄子在上厕所时，突然有所警觉，命令手下将豫让搜捕出来。赵襄子的左右随从原想杀他，赵襄子却认为豫让肯为故主报仇，是个有义之人，便将他释放。

豫让仍不死心，为了改变相貌、声音，不惜将全身涂抹上油漆、口里吞下煤炭，乔装成乞丐，找机会报仇。他的朋友劝他：以你的才能，假如肯假装投靠赵襄子，赵襄子一定会重用、亲近你，那你岂不就有机会报仇了吗？何必要这样虐待自己呢？豫让却说："如果我向赵襄子投诚，我就应该对他忠诚，绝不能够虚情假意，用这种卑鄙的手段。"豫让还是要依照自己的方式完成复仇的使命。

有一次，机会来了，豫让事先埋伏在一座桥下，准备在赵襄子过桥的时候刺杀他。赵襄子的马却突然惊跳起来，使得豫让的计划再次失败。捉了豫让后，赵襄子责备他说："你以前曾经在范氏和中行氏手下工作，智伯消灭了他们，你不但不为他们报仇，反而投靠了智伯；那么，现在你也可以投靠我呀，为什么一定要为智伯报仇呢？"豫让说："我在范氏、中行氏手下的时候，他们根本都不重视我，把我当成一般人；而智伯却非常看重我，把我当成最优秀的人才，是我的知己，我非替他报仇不可！"赵襄子听了非常感慨，便说："你对智伯，也算是仁至义尽了；而我，也放过你好几次。这次，我不能再释放你了，你好自为之吧！"

豫让知道这一次非死不可，于是就恳求赵襄子："希望你能完成我最后一个心愿，将你的衣服脱下来，让我刺穿；这样，我即使是死了，也不会有遗憾。"赵襄子答应这样的要求，豫让拔剑，连刺了衣服三次，然后就自杀了。

豫让死的那一天，整个晋国的侠士，都为他痛哭流涕。

21. 商鞅变法垂青史

魏国的卫鞅，他的祖先与周朝天子同姓。少年的卫鞅在魏惠王的相国公叔座那里做门客。公叔座知道这个卫鞅很有才华，很是赏识他。于是，公叔座把卫鞅推荐到魏惠王那里。但是，魏惠王并没有表态，而是在事后说："他一个小小门客，我怎么会拿全魏国做赌注去任用他呢？"

公叔座死后，卫鞅在魏国就呆不下去了，他辗转到了秦国。而这个时候的秦国正是秦孝公当政，雄才大略的秦孝公正在天下招揽人才。卫鞅就在这样的大背景下见到了秦孝公。这是卫鞅第一次见到秦孝公。

卫鞅把自己的好建议说给秦孝公听，就这样，他俩谈霸王之道谈了七天七夜。秦国历史上声势浩大的变革开始了。一批又一批的新法被制定出来，都将在秦国推行。但是，问题出来了。一直延续了几百年的旧秦律老百姓已经习惯了，而突然实行了这样大的变革，大家一下子就懵了。

正和历史上所有的改革会触动一些既得利益集团一样，卫鞅在秦国的改革也触动了秦国旧贵族的利益。这点在卫鞅来看，是在他的意料之中的。但是，卫鞅万万没有想到的是，他推行的新法第一个将要处罚的人是秦国的太子。

秦国的太子恨卫鞅，但是又不敢和父王秦孝公公开对抗。因为在秦国，人人都知道卫鞅的话就代表秦孝公。于是，老百姓都知道秦国有一个卫鞅，而知道太子的人为数不多。就在处罚了太子之后，卫鞅被升任做了秦国的大良造。

这个官职大约相当于现在的武装部队的一个总长。虽然很受尊崇，但是在整个秦国的官僚势力里面，卫鞅依然显得势单力薄。秦孝公当然希望他的重臣要在整个朝廷里有更大的发言权，而指挥战争建立军功在秦国是博取功名的最佳捷径。于是，在秦孝公的亲自安排下，卫鞅成为了指挥对魏国作战的大将。

秦国攻克了魏国的安阳，并且把它变成了自己的一个郡县。就在卫鞅凯旋班师的路上，太子的师父公子虔喝醉酒闯军阵，冲撞了卫鞅的大军。于是，这个倒霉的公子虔被卫鞅当着众人的面割去了鼻子。秦国取得了魏国黄河一带的全部土地，魏国就从过去依靠黄河与秦国分疆而治变成处处被动挨打的国家了。

在取得这样巨大的成功后，卫鞅被秦国封为了侯爵，也取得了在秦国一般的豪族要两三百年才可以取得的功业——他被封为了商君。所以，历史上卫鞅又叫商鞅。于是很多人成了"变色龙"。而太子和很多大臣还抬了礼物前来祝贺，商鞅很是得意和快活。

秦孝公终于归天。而就在新君登位后第三天，一封说商鞅在商国密谋造反的奏疏被昔日的太子——现今的新君交付大臣公议。而密报之人正是没有鼻子的公子虔。新君根本不听商鞅的辩解，就对他一通斥责。然而商鞅早就预料到了，买通了狱卒，从天牢逃脱了。他要以小小的商国和秦国进行鸡卵碰巨石的战争。然而……

秦军只用了三天时间就把商国吞并了。商鞅看着渐渐西下的太阳，又看着拉着自己身躯四肢的五乘马车，想到自己

马上要被五马分尸了，想到自己若没有秦国的经历，早就在魏国被人干掉了，他大笑一声："我值得了。我青史留名了。哈哈……"

22. 孙膑智斗庞涓显英才

孙膑是孙武的后裔，战国时期杰出的军事家。早年，他拜鬼谷子先生为师，勤奋刻苦地学习兵书战策。鬼谷子是一位隐士，擅长兵学和纵横捭阖之术。孙膑在他门下学到了许多知识。庞涓也是鬼谷子的学生。后来庞涓当了魏国的将军，妒忌孙膑的才能，就派人把他诓骗到魏国，处以膑刑（挖去膝盖骨），所以人们称他为孙膑。

后来，孙膑得到齐国使者的帮助，逃离魏国，到了齐国，做了齐国大将田忌门下的宾客。当时，在齐国的王公贵族中流行一种赛马活动，田忌也经常参加。有一次，孙膑观看田忌和齐威王及诸公子赛马，他看到他们的马各分上、中、下三等，实力相差不多，就对田忌说："你尽量多下赌注，我能让你得胜。"比赛开始时，他建议田忌用下等马和对方的上等马比赛，先主动输掉一局，然后用上等马和对方的中等马比赛，用中等马和对方的下等马比赛。田忌采用孙膑的建议，结果负一局，胜两局，赢得了千金。

从这以后，田忌非常敬重他的才能，把他推荐给齐威王，齐威王任命他为军师。从此，孙膑在战国七雄争立的角逐中，开始崭露头角，大显身手。

公元前 353 年，魏国围攻赵国都城邯郸。赵国向齐国求救。齐威王命田忌同孙膑出兵救赵。田忌准备率军到赵国去。孙膑认为魏国全力攻赵，国内一定空虚，应当直接进攻魏国的都城大梁，魏国必然撤军自救，邯郸的围困就自然解除了。田忌采用了孙膑的战略，当魏将庞涓赶回应战时，在桂陵设埋伏袭击，大败魏军，解了邯郸之围。

公元前342年，魏国又进攻韩国，韩国向齐国求救。第二年，田忌和孙膑又出兵救韩。孙膑仍采用过去的战略，不去救韩，直接攻魏。庞涓被迫放弃攻韩，赶回迎战。孙膑认为魏国素来剽悍勇猛，轻视齐军，决定利用他们这种心理，诱敌取胜。

于是，齐军假装怯战，向后退却，并采取逐日减灶的办法，迷惑敌人。庞涓追击齐军，到齐军扎过营的地方，发现三天中齐军的炉灶减少了一大半。他认为齐军已伤亡过半，非常高兴。孙膑估计庞涓晚上可到马陵，就在这里设下埋伏，在道旁树上写了"庞涓死于此树之下"八个字，命令伏兵看到火光就一齐放箭出击。庞涓果然在晚上进入马陵道。他见树上有字，举火看字，还没有看完，齐军已万弩齐发，箭如雨下。结果，庞涓被迫自杀，十万魏军全部被歼，齐军大获全胜。

孙膑两次大败魏军，从此名显诸侯。而齐国则声威大震，威服诸侯，称霸中原。

马陵之战以后，齐国上层统治集团内部矛盾日益激化。为摆脱政治上的纠纷，孙膑主动辞去军师之职，过起隐居生活。他晚年把全部的精力都用于军事理论的著述，写出了流传千古的《孙膑兵法》。

23. 屈原以身殉国

战国时代，称雄的秦、楚、齐、燕、赵、韩、魏七国，争城夺地，互相讨伐，混战连年不断。那时，楚国的大诗人屈原，正当青年，为楚怀王的左徒官。他见百姓饱受战争灾难，十分痛心。因此他立志报国为民，劝怀王任用贤能，爱护百姓，很得怀王的信任。

当时，秦国时常攻击六国。为对付强秦，屈原游说六国，于怀王十一年促成齐楚等国联盟，压制了秦的气焰。屈原更加得到怀王的信任。这招致了楚公子子兰等贵族的嫉妒。

秦王抓住楚国内部不合这个机会，立即派张仪来到楚国离间齐楚联盟。张仪在子兰及怀王宠爱的王后郑袖帮助下见到了怀王，假称秦愿以六百里土地与楚国和好。怀王很是欢喜，但屈原坚决反对，在王后郑袖等人的挑拨下，怀王大怒，把屈原逐出了宫门。

回家后，屈原幻想着怀王会醒悟，但楚怀王再也没有召见他，他越来越忧愁，常常夜不能寐，最后他写下了长诗《离骚》，把对楚国的忧虑和自己的怨愤都写了进去。消息传到宫中，子兰、靳尚等人说屈原把怀王比作暴君桀纣。楚怀王一怒，撤掉了屈原的官职。

屈原痛苦万分。有一天，他看到一座古庙里的墙壁上，画着天地神灵和古代圣贤。这触动了他的心，他想不通怀王为什么这样糊涂。于是，他对神灵大声喝问，成就了《天问》这篇长诗。神灵没有回答他，可事实却对他作了回答。

当怀王和齐国断绝了邦交派人赴秦交割土地时，张仪断然拒绝。怀王大怒，遂发兵十万攻秦。秦则索性联合与楚断交的齐国作战，连败楚军，并占领了楚汉中地。

至此，怀王才醒悟了，又命屈原火速出使齐国，以求恢复联盟。出于对屈原的敬重，齐王原谅了楚对联盟的背叛，答应合好。

怀王三十年，秦又请求与楚和好，昏庸的怀王竟准备去秦地武关，与其议和。

听到这个消息，屈原日夜兼程，飞马而来，拦住十多年未见的怀王的车子，悲声说道："大王啊！秦乃虎狼之国，这危险冒不得哟！不能单听小人的话哟！"站在一旁的奸臣靳尚大怒，令人把屈原推倒在地，扬鞭催马，簇拥着怀王而去。

不到半月，怀王被秦扣留，顷襄王即位。三年后，怀王客死咸阳。屈原的心被击碎了，但他仍再三要求顷襄王联合对抗秦国。顷襄王在弟弟子兰怂恿下，将屈原流放到了江南。屈原心中一片黑暗，但爱国的火焰仍在他的心里燃烧，满腹的忧愁愤恨，都化成了传世诗篇。

公元前278年，秦将白起攻破楚国郢都。楚国就要灭亡了！屈原决定回到郢都，死在自己出生的土地上。他昏昏沉沉地走到了汨罗江边，悲愤之情难以抑制。他解下衣服，怀抱江边的石头，奋力向江心跳去。

爱国诗人带走了楚国的干净石块，却留给后人无尽的哀伤与思念。这天是五月五日。此后每年五月五日，人们摇着龙船，到处去寻觅诗人。其实，人们寻找的更是他的那种强烈的爱国精神。

24. 伯乐相千里马

伯乐，原名孙阳，春秋中期郜国人。将毕生经验总结写成我国历史上第一部相马学著作——《伯乐相马经》。书中图文并茂，长期被相马者奉为经典，在隋唐时代影响较大。

伯乐在医治马病方面也有所研究，成为春秋时期著名的畜牧兽医。他的第一部针灸书《伯乐针经》，是民间兽医用针的重要依据。

一次，伯乐受楚王的委托，购买能日行千里的骏马。伯乐向楚王说明，千里马少有，找起来不容易，需要到各地巡访，请楚王不必着急，他尽力办好。

伯乐跑了好几个国家，连素以盛产名马的燕赵一带，都仔细寻访，辛苦备至，还是没发现中意的良马。一天，伯乐从齐国返回，在路上，看到一匹马拉着盐车，很吃力地在陡坡上行进。马累得呼呼喘气，每迈一步都十分艰难。伯乐对马向来亲近，不由走到跟前。马见伯乐走近，突然昂起头来瞪大眼睛，大声嘶鸣，好像要对伯乐倾诉什么。伯乐立即从声音中判断出，这是一匹难得的骏马。

伯乐对驾车的人说："这匹马在疆场上驰骋，任何马都比不过它，但用来拉车，它却不如普通的马。你还是把它卖给我吧。"

驾车人认为伯乐是个大傻瓜，他觉得这匹马太普通了，拉车没气力，吃得太多，骨瘦如柴，毫不犹豫地同意了。伯乐牵着这匹马，直奔楚国。他牵马来到楚王宫，拍拍马的脖颈说：“我给你找到了好主人。”马像是明白伯乐的意思，抬起前蹄把地面震得"咯咯"作响，引颈长嘶，声音洪亮，如大钟石磬，直上云霄。楚王听到马嘶声，走出宫外。伯乐指着马说：“大王，我把千里马给您带来了，请仔细观看。”

楚王一见伯乐牵的马瘦得不成样子，认为伯乐愚弄他，有点不高兴，说：“我相信你会看马，才让你买马，可你买的是什么马呀，这马连走路都很困难，能上战场吗？”

伯乐说：“这确实是匹千里马，不过拉了一段车，又喂养不精心，所以看起来很瘦。只要精心喂养，不出半个月，一定会恢复体力。”

楚王一听，有点将信将疑，便命马夫尽心尽力把马喂好，果然，马变得精壮神骏。楚王策马扬鞭，但觉两耳生风，喘息的功夫，已跑出百里之外。后来，千里马为楚王驰骋沙场，立下不少功劳。楚王对伯乐更加敬重了。

25. 墨子为民兴利除害

墨子，名翟，战国时鲁国人，墨家学派创始人。他出身低微，因而养成了注重节俭、劳身苦志的作风。他注重实践，善于制作，相传他的木工技术，与鲁班齐名。

在学术上，墨子起初受孔子影响，后逐渐成了孔子和儒家叛逆，创建了与儒家相对立的墨家学派。儒和墨两派互相辩驳，在先秦首先揭开了百家争鸣的序幕。人们常把孔墨、儒墨并提。墨子在战国时代乃是流誉四方、最具影响力的大思想家之一。墨家以"为万民兴利除害"为自己的使命，并为之孜孜奋斗，游说诸侯，谋求制止战争，安定社会，安定民生。

两千多年来一直流传着墨子"止楚攻宋"的传说。正因如此，他的智慧、坚定和见义勇为赢得了历代人民尊敬。鲁迅根据《公输篇》写成了著名小说《非攻》，再现了墨子的传奇形象。

到了汉代，随着儒学统治地位的确立，墨家学派渐趋式微，但体现墨家思想精华的《墨子》一书得以保存下来，并一直流传至今。在墨家整个思想体系中，军事思想占有重要位置。《墨子》军事思想是处于弱者地位的自卫学说，其主要内容有两方面：一是非攻，反对攻伐掠夺的不义之战；二是救守，支持防守诛讨的正义之战。

墨子反对攻伐掠夺的不义之战。墨子认为，当时进行的战争均属掠夺性非正义战争，在《非攻》篇中，反复申明非攻之大义，认为战争是凶事。墨子还坚决无情地揭发当时战争给人民带来的沉重无尽的灾难。他批判统治者好战，而贻误农时，破坏生产，切断了老百姓的衣食之源。他还揭露统治者抢劫财富，不劳而获，残害无辜，掠民为奴等暴行。

墨子支持防守诛讨的正义之战。墨子深知，光讲道理，大国君主是不会放弃战争的，因而主张以积极防御制止以大攻小的侵略战争。一是倡导积极准备，力争做到有备无患。二是在守城防御中，应守中有攻，积极歼敌。三是在防御作战具体方法上，提出了一整套防御作战战术原则。墨子的防御理论在中国兵学史上占有重要地位。后世有关防御原则和战术的记述，多出自《墨子》，以至于一切牢固的防御也被笼统称为"墨守"，对传统兵学的发展作出了积极贡献。

26. 东方"亚圣"——孟子

孟子是战国时期伟大的思想家，是中国主流学说儒家思想的主要代表人物之一。

孟子名轲（前372—前289），是邹国（今山东邹城市）人。相传孟子是鲁国贵族孟孙氏的后裔。在孟子生活的时代，百家争鸣，孟子继承和发展了儒家学说创始人孔子的思想，提出了一套完整的思想体系，对后世产生了极大的影响，被尊奉为仅次于孔子的"亚圣"。

孟子继承和发展了孔子的德治思想，发展为"仁政"学说，成为其政治思想的核心。他把"亲亲"、"长长"的原则运用于政治，以缓和阶级矛盾，维护封建统治阶级的长远利益。

孟子把统治者和被统治者的关系比作父母与子女的关系，主张统治者应该像父母一样关心人民的疾苦，人民应该像对待父母一样去亲近、服侍统治者。他十分重视民心的向背，通过大量历史事例反复阐述这是关乎得天下与失天下的关键问题。

孟子把伦理和政治紧密结合起来，强调道德修养是搞好政治的根本。他认为如果每个社会成员都用仁义来处理各种人与人的关系，封建秩序的稳定和天下的统一就有了可靠保证。为了说明这些道德规范的起源，孟子提出了人性本善的思想。他认为，尽管各个社会成员之间有分工的不同和阶级的差别，但是他们的人性却是同一的。

孟子曾以"士"的身份游说诸侯，企图推行自己的"仁政"理论。他到过梁（魏）国、齐国、宋国、滕国、鲁国，当时这几个大国都致力于富国强兵，争取通过暴力的手段实现统一。孟子的"仁政"学说被认为是迂腐，没有得到实行的机会。不过，在这一过程中，孟子也表现出鲜明的个性特征，他藐视统治者，鄙视权势富贵，希望能够消除世乱，救民于水火之中，他在与各国君王打交道时始终保持着刚正不阿、大胆泼辣的个性特点。

最后他退居讲学，和他的学生一起写作《孟子》七篇。全书整体气势磅礴，饱含情感，明晰的说理，逐层的批驳，层层进逼，气势凌人，也有偏激的言词、幽默的讽刺，甚至破口大骂。千百年后，人们仍能清晰地感受到孟子激越的情感和刚直的个性，看到一个大思想家的鲜活形象。因此，《孟子》千百年来也一直具有无穷魅力，受到人们的推崇，被奉为经典。

27. 中华医学鼻祖——扁鹊

扁鹊，战国时医学家，姓秦，名越人，齐国人。扁鹊是中国传统医学的鼻祖，对中医药学的发展有着特殊的贡献。

扁鹊少年时期在故乡做过旅店的主人。当时在他的旅店里有一位长住的旅客长桑君，他俩过往甚密，感情融洽。长期交往以后，长桑君终于对扁鹊说："我掌握着一些秘方验方，现在我已年老，想把这些医术及秘方传授予你，你要保守秘密，不可外传。"扁鹊当即拜长桑君为师，并继承其医术，终于成为一代名医。扁鹊成名后，周游各国，为人治病。

扁鹊看病行医有"六不治"原则：一是依仗权势，骄横跋扈的人不治；二是贪图钱财，不顾性命者不治；三是暴饮暴食，饮食无常者不治；四是病深不早求医者不治；五是身体虚弱不能服药者不治；六是相信巫术不相信医道者不治。扁鹊在总结前人医疗经验的基础上创造总结出望（看气色）、闻（听声音）、问（问病情）、切（按脉搏）的诊断疾病的方法。在这四诊法中，扁鹊更加擅长望诊和切诊。

扁鹊云游各国，为君侯看病，也为百姓除疾，名扬天下。他的技术十分全面，无所不通。在邯郸，听说当地尊重妇女，便做了妇科医生；在洛阳，因为那里很尊重老人，他就做了专治老年病的医生；秦国人最爱儿童，他又在那里做了儿科大夫，不论在哪里，都是声名大振。

一天，晋国的大夫赵简子病了，五日五夜不省人事，大家十分担心，扁鹊看了以后说，他血脉正常，没什么可怕的，不超过三天一定会醒。过了两天半，他果然苏醒了。

　　有一次，扁鹊路过虢国，见到那里的百姓都在进行祈福消灾的仪式，就问是谁病了，宫中术士说，太子死了已有半日了。扁鹊问明了详细情况，认为太子患的只是一种突然昏倒不省人事的"尸厥"症，鼻息微弱，像死去一样，便亲去察看诊治。他让弟子磨研针石，刺百会穴，又做了药力能入体五分的熨药，用八减方的药混合使用之后，太子竟然坐了起来，和常人无异。继续调补阴阳，两天以后，太子完全恢复了健康。从此，天下人传言扁鹊能"起死回生"，但扁鹊却否认说，他并不能救活死人，只不过把应当活的人的病治愈罢了。

　　由于扁鹊医术高明，又常为君主看病，当时秦国太医令李醯非常嫉妒，便派刺客将扁鹊刺杀身亡。

28. 信陵君义勇闻天下

信陵君，名魏无忌，战国时代魏国人，是著名的政治家、军事家，魏安釐王时期官至魏国上将军，和赵国平原君赵胜、齐国孟尝君田文、楚国春申君黄歇合称为"战国四公子"。

魏无忌为人仁爱宽厚，礼贤下士，因而士人争相前往归附于他，最高峰时门下曾有三千食客。由于当时的魏无忌威名远扬，各诸侯国连续十多年都不敢动兵侵犯魏国。

有一次，魏无忌与魏安釐王正在下棋，北方边境传来警报，说赵国发兵进犯，正准备进入魏国边境。魏安釐王马上放下棋子，准备召集大臣商议对策。魏无忌劝阻魏安釐王说，这只是赵王在打猎，并不是进犯边境，又接着和魏安釐王下棋，此时的魏安釐王惊恐不安，无心再下。不久，从北方又传来消息，证实了魏无忌的话。魏安釐王大感惊诧，问魏无忌是怎么知道的。魏无忌告诉魏安釐王，他的门客当中有能深入探听赵王秘密的能人，可以随时向他报告赵王的行动。从此以后，魏安釐王畏惧魏无忌的贤能，不敢将国事交予他处理。

公元前257年，秦国的军队包围了赵国的都城邯郸，赵国的形势非常危急。赵国丞相平原君的妻子是魏无忌的姐姐，平原君赵胜多次向魏安釐王和魏无忌送信，请求魏国救援，魏安釐王派将军晋鄙领兵十万前去救赵。秦昭王得到消息后，派使者威胁魏安釐王，魏安釐王害怕了，就派人通知晋鄙停止进军，留在邺扎营驻防，名义上为救赵，实际在观望形势的发展。

平原君不断派使者前去魏国催促，并责备魏无忌不顾赵国和魏无忌姐姐的危亡。魏无忌为此忧虑万分，屡次请求魏安釐王出兵，门客也用尽各种办法劝说，但魏安釐王惧怕强大的秦国，始终不肯听魏无忌的意见。魏无忌估计魏王已不肯出兵救赵，又不想看着赵国灭亡，于是凑齐战车一百多辆，打算带着门客前去赵国和秦军死拼。

魏无忌带着车队路过夷门时遇见侯嬴，于是把情况告诉了侯嬴。侯嬴劝阻魏无忌说："这样去就如同把肥肉扔给饥饿的老虎，一点作用都没有。"并向魏无忌献策，让魏无忌去找魏安釐王的宠妃如姬帮忙，让如姬从魏安釐王的卧室内窃出晋鄙的兵符，因为魏无忌曾为如姬报过杀父之仇，如姬是肯定会为魏无忌效力的。魏无忌听从了侯嬴的计策，前去请求如姬帮忙，如姬果然盗出兵符交给了魏无忌。魏无忌拿到了兵符准备上路，侯嬴又让魏无忌把屠夫朱亥带上，以便晋鄙在看到兵符仍不交出兵权的情况下让大力士朱亥击杀他。

魏无忌到了邺，拿出兵符假传魏安釐王的命令要代替晋鄙担任将领。晋鄙合了兵符，验证无误，但还是表示怀疑，不想交出兵权。此时的魏无忌在不得已的情况下，只好让朱亥动手，用铁锤杀死晋鄙，强行夺权。

魏无忌统领晋鄙的军队后，精选士兵八万开拔前线。与此同时，楚国也派出春申君黄歇救援赵国，在楚、魏、赵三国的联合下，一举击溃秦国，解除了邯郸之围。

29. 治水川主——李冰

李冰是战国时期的水利专家，对天文地理也有研究，曾任蜀郡守。

李冰在治水的过程中，排除了种种迷信的阻挠，坚决用科学的方法来治理水患。

李冰决定修建都江堰以根除岷江水患。他经过实地调查，发现开明所凿的引水工程渠道选择不合理，因而废除了开明开凿的引水口，把都江堰的引水口上移至成都平原冲积扇的顶部——灌县玉垒山处，这样可以保证较大的引水量和形成通畅的渠道网。李冰修建的都江堰由鱼嘴、飞沙堰和宝瓶口及渠道网组成。鱼嘴是在宝瓶口上游岷江江心修筑的分水堰，因堰的顶部形如鱼嘴而得名。飞沙堰是一个溢洪排沙的低堰，它与宝瓶口配合使用可保证内江灌区水少不缺，水大不淹。宝瓶口是控制内江流量的咽喉。宝瓶口不仅是进水口，而且以其狭窄的通道形成一道自动节水的水门，对内江渠系起保护作用。宝瓶口这一岩石渠道，十分坚固，千百年来在岷江激流冲击下，并未被冲毁，有效地控制了岷江水流。李冰修成宝瓶口之后，又开二渠，沟通成都平原上零星分布的农田灌溉渠，初步形成了规模庞大的都江堰水利工程的渠道网。

李冰在修建都江堰工程中，创造了竹笼装石作堤堰的施工方法。此法就地取材，施工、维修都简单易行。而且，笼石层层累筑，既可免除堤埂断裂，又可利用卵石间空隙减少洪水的直接压力，从而降低堤堰崩溃的危险。

李冰任蜀守期间，还对蜀地其他经济建设也作出了贡献。在此之前，川盐开采处于非常原始的状态，多依赖天然咸泉、咸石。李冰创造凿井汲卤煮盐法，结束了巴蜀盐业生产的原始状况。李冰还在成都修了七座桥梁。

李冰所做的这一切，尤其是都江堰水利工程，对蜀地产生了深远的影响。

都江堰建成后，蜀地发生了天翻地覆的变化，千百年来危害人民的岷江水患被彻底根除，使蜀地农业生产迅猛发展，成为鱼米之乡。

李冰为蜀地的发展作出了不可磨灭的贡献，两千多年来，四川人民把李冰尊为"川主"。

30. 汉朝开国勋臣——张良

张良是汉高祖刘邦的重要谋臣，是汉朝的开国勋臣。

公元前 218 年，秦始皇带大队人马外出巡视，行进到博浪沙（河南原阳县），突然飞来一只大铁锥，只听"哗啦"一声，秦始皇座车后面的副车被打得粉碎，把秦始皇吓坏了，他怒火万丈，立刻下令，全国搜捕刺客，结果搜查了十天，也没抓到，只得算了。

刺客是谁呢？原来他叫张良，是韩国人，他要为韩国报仇。他有一个朋友是个大力士，使用的兵器是一只大铁锥，足有六十公斤重。他们预先得知秦始皇要从博浪沙经过，就在路旁树林隐蔽的地方埋伏好，只等车队到来，哪知这一椎扔出去没砸准，他们只得马上躲起来。

张良躲过了搜查，就在下邳住下来，一面钻研兵法，一面再等报仇的机会。

一天，他漫步来到一座桥上，对面走过来一个衣衫破旧的老头。那老头走到张良身边时，忽然脱下脚上的破鞋子丢到桥下，还对张良说："去，把鞋给我捡回来！"张良当时感到很奇怪又很生气，觉得老头是在侮辱自己，真想上去揍他几下。可是他又看到老头年岁很大，只好帮他将鞋捡回来。

老头穿好鞋，跺跺脚，哈哈笑着扬长而去。张良看着头也不回、连一声道谢都没有的老头的背影，正在纳闷，忽见老头转身又回来了。

"这个青年人还算可以教育的。"那老头在张良身后自言自语。张良觉得这老头刚才是在考察他，他警觉起来，难道他就是传说中世外高人，今天专门前来点化于我。那老头见张良停了下来，就说："明天一大早，你来这桥上等我，我有话和你说。"第二天，鸡刚叫，张良就起床了。这个张良平时都是日上三竿才起床的，今天为了与那老头的诺言，居然起了个大早。但是，张良去的时候，那老头已经在了。那老头别的不说，只是说："明天你要是先来，我才跟你说话。"

第二天，张良是鸡也没有叫，才刚刚三更天就去了。但是，那个老头依然已经在那里了。那老头说，年轻人和老人约会是不能迟到的。

这样，第三天，张良在太阳刚落山后就一直守候在桥下。等他看见那个老头的影子转过那个死角的时候，他立刻从桥下钻了出来。过了一会儿，老头来了，见张良早已在桥头等候，他满脸高兴地说："就应该这样啊！"然后，老头从怀中掏出一本书来，交给张良说："读了这部书，就可以帮助君王治国平天下了。"说完，老头飘然而去，还没等张良回过神来，已没了踪影。

等到天亮，张良打开手中的书，他惊奇地发现自己得到的是《太公兵法》，这可是天下早已失传的极其珍贵的书呀，张良惊异不已。

从此，张良捧着《太公兵法》日夜攻读，勤奋钻研，真的成了大军事家，做了刘邦的得力助手，为汉王朝的建立，立下了卓著功勋，名噪一时，功盖天下。

31. 千古第一名将——韩信

汉朝开国名将——韩信，是平民出身的英雄，也是中国军事史上的奇葩。

一饭千金

韩信出生于江苏淮阴，年少时父母双亡，由于家境贫寒，连一日三餐都很难维持。韩信就时常去河边钓鱼，钓到了就换几文钱；钓不到，便向河边的洗衣妇讨饭。其中有位老婆婆可怜他，常将自己的饭分给他吃，并且鼓励他说："大丈夫应当立志，不能成天依赖别人，好好努力吧！"韩信受到鼓励，很是感激。

后来，韩信为汉王立了不少功劳，被封为齐王，他想起曾受过那位老婆婆的恩惠，便命人送酒菜给她，更送她一千两黄金答谢她。

胯下之辱

有一次，韩信遇见一个屠夫，手里拿着一把匕首，对韩信说："你不是厉害吗？有种你拿匕首杀我，如果你不敢，那么马上从我胯下爬过去。"韩信忍辱从那屠夫的胯下爬了过去。如果韩信当时冲动真杀了这个无赖，杀人偿命，便不会成为日后帮刘邦统一天下的大将军了。

萧何追韩信

公元前 209 年，韩信投奔刘邦的汉军，但是刘邦不相信韩信。韩信后离汉营出走，萧何月下追回韩信。后来，在萧何的屡次劝说下，刘邦才亲自与韩信讨论军国大事，确信韩信为稀世之才，方举行仪式，拜为大将。

打下汉江山

刘邦正准备收复关中之时，采纳萧何的建议，从此，文依萧何，武靠韩信，举兵东向，争夺天下。公元前 206 年，韩信用"明修栈道，暗渡陈仓"大败西楚章邯军，一举拿下了关中地区，使刘邦得以还定三秦。

背水一战

公元前 204 年，韩信率一万新招募的汉军越过太行山，向东攻打项羽的附属国赵国。赵王和大将陈余集中二十万兵力，占据了太行山以东的咽喉要地井陉口，准备迎战。汉军在离井陉口三十里的地方扎下营来。天亮后，韩信率军发动进攻，陈余率轻骑精锐蜂拥而出，要生擒韩信。韩信假装抛旗弃鼓，逃回河边的阵地。陈余下令赵军全营出击，直逼汉军阵地。汉军因无路可退，个个奋勇争先。双方厮杀半日，赵军无法获胜。这时赵军想要退回营垒，却发现自己大营里全是汉军旗帜，队伍立时大乱。韩信趁势反击，赵军大败，陈余战死，赵王被俘。

半渡而击

公元前 203 年，韩信大军迎击与汉军隔淮水下游对峙的楚将龙且的二十万大军，韩信先派军在夜里用沙袋堵塞淮水上游，天明后派军正面迎击楚军，并佯装溃败，渡过淮水，楚将龙且亲自率军渡过淮水，此时汉军掘开沙袋堤坝，将楚军冲为两段，韩信率军把已渡水的楚军全歼。

多多益善

有一次，汉高祖刘邦问韩信说："如果我来带兵，依你看，我可以带多少兵？"韩信说："陛下可以带领十万大兵。"汉高祖又问："那么你可以带领多少兵呢？"韩信笑着说："我吗？多多益善。"善妒的刘邦感到很不服气，觉得带兵能力竟然不如韩信。韩信说："陛下不善将兵，但善于将将（就是统领将军）"。韩信说的都是实话，刘邦也知道，但心眼狭小的刘邦知道韩信能力胜过自己，妒意与不信任之心越来越重。

四面楚歌

公元前 202 年，楚汉两军在垓下展开决战。刘邦以韩信为主将，统一指挥各路大军。项羽指挥十万楚军，从正面向汉军阵地猛攻。深夜，韩信令汉军四面唱起楚歌，终使楚军丧失斗志，被汉军一举聚歼于亥下。项羽眼见大势已去，被迫自刎于乌江边。历时五年的楚汉战争以汉王刘邦取得天下而告终。

鸟尽弓藏

西汉建立后不久，有人诬告韩信谋反。刘邦与陈平合计，以"巡狩南方游云梦"之名，要求诸侯晋见，实想借此捕拿韩信。韩信不知是计，前往拜谒，果然被刘邦抓获。后来韩信被贬为淮阴侯。

钜鹿守陈豨反叛，韩信的一门客因得罪韩信而被囚，门客的弟弟欲报此仇，便出面诬告，说韩信要反叛袭击吕后。吕后与萧何共谋，使诈计假说陈豨反叛被平定，要诸侯群臣前往拜贺。韩信前往，吕后派武士绑缚韩信，最后谋害韩信于长乐宫，并夷灭韩信三族。这真是："飞鸟尽，良弓藏。狡兔死，走狗烹。敌国破，谋臣亡。"

韩信一生中遭受许多异于常人的苦难折磨，但他都能愈挫愈勇，百折不挠，因此留下了千古传颂的佳言懿行，作为后世的榜样。

32. 缇萦舍生为父伸冤

缇萦，复姓淳于，西汉时齐国临淄人。缇萦上无兄下无弟，只有四个姐姐，排行第五，自幼聪慧好学，以孝敬父母而闻名乡里。

她的父亲淳于意，本来是个读书人，因为喜欢医学，经常给人治病，出了名。后来他做了太仓令，但他不愿意跟做官的来往，也不会拍上司的马屁。没有多久，辞了职，当起医生来了。

有一次，有个大商人的妻子生了病，请淳于意医治。那病人吃了药，病没见好转，过了几天死了。大商人仗势向官府告了淳于意一状，说他是错治了病。当地的官吏判他"肉刑"（当时的肉刑有脸上刺字、割去鼻子、砍去左足或右足等），要把他押解到长安去受刑。

消息传至家中，缇萦姐妹五人痛哭流涕，为父送行。淳于意望着痛苦无奈的女儿们，禁不住老泪纵横，悲愤地仰天长叹："生女不生男，急难无可用。"小女缇萦听完慈父如此悲愤的话，决心即使舍身弃命也要救父免罪脱刑。她不顾姐姐们的劝阻，身穿男儿衣，背上干粮，千里迢迢，风餐露宿，陪伴父亲来到长安。

缇萦到了长安，托人写了一封奏章，到宫门口递给守门的人。汉文帝接到奏章，知道上书的是个小姑娘，倒很重视。那奏章上写着："我叫缇萦，是太仓令淳于意的小女儿。我父亲做官的时候，齐地的人都说他是个清官。这回儿他犯了罪，被判处肉刑。我不但为父亲难过，也为所有受肉刑的人伤心。一个人砍去脚就成了残废；割去了鼻子，不能再安上去，以后就是想改过自新，也没有办法了。我情愿给官府收为奴婢，替父亲赎罪，好让他有个改过自新的机会。"

汉文帝看了信，十分同情这个小姑娘，又觉得她说的有道理，就召集大臣们，对大臣说："犯了罪该受罚，这是没有话说的。可是受了罚，也该让他重新做人才是。现在惩办一个犯人，在他脸上刺字或者毁坏他的肢体，这样的刑罚怎么能劝人为善呢。你们商量一个代替肉刑的办法吧！"

大臣们一商议，拟定一个办法，把肉刑改用打板子。原来判砍去脚的，改为打五百板子；原来判割鼻子的改为打三百板子。汉文帝就正式下令废除肉刑。这样，缇萦就救了她的父亲。

缇萦舍身救父的义举，感动汉文帝诏令废除肉刑，揭开了中国法律史上重要的一页，谱写出一曲千古传唱的孝义之歌。

33. 中华战神——霍去病

霍去病（前140—前117年），河东郡平阳县人。霍去病从小生活在奴婢群中，生活十分艰苦，但他勤奋好学，小小年纪就精通了骑马、射箭、击刺等各种武艺。到十六七岁时，霍去病已经长成了一个相貌奇伟、性格坚毅、智勇过人的青年。汉武帝很赏识他，任命他为保卫皇帝安全的侍中官。

这时，西汉王朝与匈奴的斗争已达到白热化程度。匈奴屡次入侵，汉武帝一改以前的和亲政策，开始了对匈奴的反击战争。

公元前123年春，汉武帝再次组织对匈奴的反击，这年，霍去病刚刚十八岁，急不可耐地向汉武帝请战。汉武帝见他少年英武，就答应了他的请求，任命他为骠姚校尉，由卫青挑选了八百名骁勇矫捷的骑兵归他指挥。

霍去病率领八百骁骑一往无前地向北奔去。莽莽草原，人迹全无。他们不知不觉地走了好几百里，将近黄昏，忽然发现前方有一片黑点。霍去病判断应是匈奴的营帐，当即命部下衔枚而行，以迅雷不及掩耳之势杀了过去。匈奴兵根本没想到汉军会这么远地杀来，顿时一片混乱。霍去病身先士卒，首先闯入匈奴营帐，八百骁骑个个勇猛无比，把匈奴兵杀得四散逃窜。汉武帝因此对霍去病大加赞赏。

公元前121年春，汉武帝任命霍去病为骠骑将军，率领精骑一万人，从陇西出发，攻打匈奴。在霍去病的指挥下，汉军所至，势如破竹，六天中转战匈奴五部落，并在皋兰山与匈奴打了一场生死战，霍去病率部勇猛异常，阵斩匈奴折兰王、卢侯王，活捉了匈奴浑邪王的儿子及相国、都尉等，歼敌八千九百多人。汉武帝非常高兴，下令增封霍去病食邑两千户。

这年夏天，汉武帝决定乘势全部扫除匈奴在河西地区的势力，打通进入西域之路，于是发动了第二次河西战役。霍去病率领的几万骑兵在祁连山麓，又把匈奴打得大败。

公元前120年秋，匈奴骑兵万余人又突入定襄、右北平地区，杀掠汉朝边民一千多人。汉武帝决定远征漠北，彻底消灭匈奴军队。

公元前119年，汉武帝派霍去病领五万骑兵，向漠北进军。在大沙漠地带纵横驰骋，行军两千多里，越过离侯山，渡过弓阊河，与匈奴左贤王相遇。汉军发动猛攻，左贤王大败而逃，霍去病率军追至狼居胥山。这次战役，活捉匈奴屯头王、韩王等三人以及匈奴将军、相国、当户、都尉等八十三人，歼敌七万名，匈奴左贤王部几乎全军覆没。为庆祝这次战役的胜利，霍去病在狼居胥山积土增山，举行祭天封礼，刻石记功，然后凯旋还朝。

霍去病屡立战功，获得了高官厚禄，但他把个人的享受搁在一边，一心以国家利益为重。河西战役胜利后，汉武帝为了奖励他的卓越战功，特意命人在长安为他建造了一座豪华住宅，叫他去看看是否满意。霍去病谢绝了汉武帝的好意，气概豪壮地说："匈奴未灭，何以家为！"

霍去病一生曾四次领兵出塞攻打匈奴，共歼敌十一万多

人。他平时少言寡语，战场上却勇猛无比。他是一位军事天才，是名扬后世的一代名将。

　　公元前 117 年，霍去病因病去世，年仅二十四岁。霍去病墓前的"马踏匈奴"的石像，象征着他为国家立下的不朽功勋。

34. 司马迁隐忍不死写《史记》

司马迁，字子长，汉景帝中元五年（前145年）出生于龙门山下，是中国古代伟大的历史学家，西汉著名的思想家、文学家。

公元前108年，司马迁继承父亲司马谈的遗志，当上了太史令，开始从皇家藏书馆中整理选录历史典籍。司马迁的祖先并不十分显要，其家族世代掌管太史的官职，但是司马迁和他的父亲都以此为荣，在他们的心目中，修史是一项崇高的事业。他们为此奉献了自己一生的精力。

司马谈一直准备写一部贯通古今的史书。在父亲的直接教导下，司马迁十岁时便开始学习当时的古文。后来，他又跟着董仲舒学习《春秋》，跟孔安国学习《尚书》。司马迁学习刻苦，进步非常快，极有钻研精神。

司马迁的学问来源，除读书之外，游历天下也是十分重要的一个方面。从二十岁起，司马迁开始了两次重要的远行，游历了中国的名山大川，足迹遍及大江南北，以及西南少数民族地区。据他自述，第一次是在二十岁时，足迹所至有长江大河、五湖沅湘、淮泗漯洛，西至四川的离碓，北自龙门至朔方。他在会稽，探寻过"禹穴"；在淮阴，寻访过韩信的遗迹；在丰沛，访问过萧何、曹参、樊哙等汉代开国元勋的故居；在沅湘，凭吊过屈原自沉的汨罗江；在山东，参观过孔子的故居，并考察那里的儒生学习礼仪；在河南，游览过魏都大梁的废墟；在北方，走过了秦将蒙恬所筑的长城。第二次是在他二十三岁出任郎中以后，作为特使被派往西南夷，他跋涉了巴山蜀水，还深入过夜郎国，大致熟悉了今天的四川西部和云南西部。这样的远游经历，使司马迁积累了许多书本上学不到的知识，也使他成为一个博学多才的人。他精于史学、经学、诸子学，通天文、律历、地理，擅长辞赋、散文，兼知医道、占卜、星相术。

司马迁的父亲病危时，拉着儿子的手，流着眼泪对他说："我死了以后，你一定要接着做太史，千万不要忘记我一生希望写出一部通史的愿望。你一定要继承我的事业，不要忘记啊！"这一番谆谆嘱托极大地震动了司马迁，他感受到父亲作为一名史学家难得的使命感和责任感，他也知道父亲将自己毕生未竟的事业寄托在自己的身上。司马迁低着头，流着泪，悲痛而坚定地应允道："儿子我虽然没有什么才能，但我一定完成您的志愿。"

司马迁做了太史令以后，就有了阅读外面看不到的书籍和重要资料的机会。这为他以后著《史记》提供了良好的条件。可是，资料整理工作非常繁复。由于当时的那些藏书和国家档案都杂乱无序，连一个可以查考的目录也没有，司马迁必须从一大堆的木简和绢书中找线索，一一作整理记录。司马迁几年如一日，呕心沥血，废寝忘食，几乎天天埋头整理和考证史料。

正当他认真地进行写作时，却遇上了飞来横祸。汉武帝天汉二年，司马迁因为替李陵辩护而下狱。由于家贫，他出不起"赎死金"，唯有接受"腐刑"可免死刑。当时，司马迁一度想一死了之，但他又想起父亲嘱托的遗愿尚未完成，意识到"人固有一死，或重于泰山，或轻于鸿毛"，而历史上的贤哲往往都身受磨难。经过激烈的思想斗争，司马迁决心忍辱活下去。司马迁出狱之后，被任命为中书令，但在完成了不朽的《史记》之后不久，便神秘地死去。

司马迁是中国历史上伟大的史学家，他因直言进谏而遭宫刑，却因此更加发愤著书，创作了名震古今中外的史学巨著《史记》，为全世界留下了一笔珍贵的文化遗产。

35. 和平使者——张骞

张骞，汉中成固人，西汉外交家。汉武帝为了打败匈奴，打算联合西边的大月氏（即月氏）夹击匈奴。张骞于是应诏出使。在出陇西经过匈奴辖地时被俘，此后在匈奴生活了十多年，还娶妻生子。不过，他一直手持汉朝符节，后来寻机逃走，向西到达了大宛，经康居，最后到达大月氏。

这时的大月氏由于被匈奴逼迫，已经西迁，定居在阿姆河的北岸，而且还统领大夏，不想再报复匈奴了。张骞到达大夏一年多以后才返回。在归来的路上，张骞为防匈奴，改从南道，但还是被匈奴再次俘获，被拘押一年多。

元朔三年（前126年），趁匈奴内乱的机会张骞又成功地逃出来，返回汉朝。张骞向汉武帝汇报了西域的情况，武帝授予他太中大夫。张骞原来在大夏的时候，了解到从四川盆地西南经过印度可以到达大夏，所以劝武帝开辟西南夷道，但由于昆明夷人的阻拦此道未通。

张骞跟随大将军卫青讨伐匈奴，因立战功被封为博望侯。元狩二年（前121年），张骞升为卫尉，和李广一起从右北平出击匈奴。这次出征，张骞因为延误战机，犯下死罪，最后他被允许用侯爵来赎罪，结果被贬为庶人。这种对官员和贵族的照顾，在封建法制中明确定为"官当"。

张骞又建议武帝联合乌孙。武帝于是命张骞为中郎将，率领三百人，携带大量的牛羊金帛出使。张骞到达乌孙之后，分别派遣自己的副使到大宛、康居、月氏、大夏等邻国去游说。乌孙最后派使节护送张骞等人回来，并送马致谢。

元鼎二年（前 115 年），张骞回到汉朝，第二年病逝。他原来派遣的副使先后带着西域各国的使节来到汉朝，而且乌孙后来还和汉朝通婚，共同夹击并打败了匈奴。汉朝之所以能打通和西域的联系，功劳首先应归于张骞，因为他在西域各国极有威信。据说现在的葡萄、苜蓿、石榴、胡桃、胡麻等都是张骞从西域带到中国来的。张骞对于中国通往西域的丝绸之路的开辟有着不可磨灭的贡献。

36. 苏武杖节牧羊

苏武，年轻时凭着父亲的职位，兄弟三人都做了皇帝的侍从，并逐渐被提升为掌管皇帝鞍马鹰犬射猎工具的官。

公元前 100 年，汉武帝派遣苏武以中郎将的身份出使，持旄节护送扣留在汉的匈奴使者回国。到了匈奴那里，单于正要派使者护送苏武等人归汉，正巧遇上缑王与长水人虞常等在匈奴内部谋反，苏武等人受到牵连。

单于大怒，召集许多贵族前来商议，想杀掉汉使者。左伊秩訾说："假如是谋杀单于，又用什么更严的刑法呢？应当都叫他们投降。"单于派卫律召唤苏武来受审讯，想劝苏武投降，苏武说："丧失气节，玷辱使命，即使活着，还有什么脸面回到汉廷去呢！"说着拔出佩带的刀自刎，卫律大吃一惊，赶紧抱住苏武，派人骑快马找来医生。苏武本来已经断了气，经过抢救，又有了呼吸。

苏武的伤势逐渐好了。卫律对苏武说："苏君！我卫律以前背弃汉廷，归顺匈奴，幸运地受到单于的大恩，赐我爵号，让我称王；拥有奴隶数万、马和其他牲畜满山，如此富贵！苏君你今日投降，明日也是这样。白白地用身体给草地做肥料，又有谁知道你呢！"苏武痛骂卫律说："你做人家的臣下和儿子，不顾及恩德义理，背叛皇上，抛弃亲人，在异族那里做投降的奴隶，我为什么要像你！"

卫律知道苏武终究不可胁迫投降，报告了单于。单于越发想使他投降，就把苏武囚禁起来，关在大地窖里面，不给他喝的吃的。天下雪，苏武卧着嚼雪，同毡毛一起吞下充饥，几日不死。匈奴以为神奇，就把苏武迁移到北海边没有人的地方，让他放牧公羊，说等到公羊生了小羊才得归汉。

苏武迁移到北海后，粮食运不到，只能掘取野鼠所储藏的野生果实来吃。他挂着汉廷的旄节牧羊，睡觉、起来都拿着，以致系在节上的牦牛尾毛全部脱尽。

后来苏武听到汉武帝去世的消息，面向南方放声大哭，每天早晚哭吊达几月之久。

汉昭帝登位，几年后，匈奴和汉议和。汉廷寻找苏武等人，匈奴撒谎说苏武已死。后来汉使者又到匈奴，得知苏武依然健在，于是汉使者扬言说："天子在上林苑中射猎，射得一只大雁，脚上系着帛书，上面说苏武等人在北海。"单于只好将苏武等人送还。

苏武于汉昭帝始元六年（前81年）春回到长安。昭帝任命苏武做典属国。苏武在匈奴度过了十九个年头，始终没有屈服，维护了国家的尊严，受到人们的尊敬。

37. 昭君出塞为民族

汉宣帝时匈奴贵族争夺权力，势渐衰落，五个单于分立，互相攻打不休。其中呼韩邪单于，被他的哥哥郅（zhì）支单于打败。呼韩邪决心跟汉朝和好，亲自朝见汉宣帝。

呼韩邪是第一个到中原来朝见的单于，汉宣帝亲自到长安郊外去迎接他，为他举行了盛大的宴会。呼韩邪单于在长安住了一个多月，他要求汉宣帝帮助他回去。汉宣帝答应了，派了两个将军带领一万名骑兵护送他到了漠南。这时候，匈奴正缺少粮食，汉朝还送去三万四千斛粮食。

呼韩邪单于十分感激，一心和汉朝和好。西域各国听到匈奴和汉朝和好了，也都争先恐后地同汉朝打交道。汉宣帝死了后，他的儿子刘奭（shì）即位，就是汉元帝。

公元前33年，呼韩邪单于再一次到长安，要求和亲，汉元帝答应了。汉朝和匈奴和亲，都得挑个公主或者宗室的女儿。这回，汉元帝决定挑个宫女给他，他吩咐人到后宫去传话："谁愿意到匈奴去的，皇上就把她当公主看待。"后宫的宫女都是从民间选来的，她们一进了皇宫，就像鸟儿被关进笼里一样，都巴望有一天能把她们放出宫去，但是听说要离开本国到匈奴去，却又不乐意。

有个宫女叫王昭君，长得美丽，有见识，自愿到匈奴去

和亲。汉元帝择日便让呼韩邪单于和王昭君在长安成亲。呼韩邪单于和王昭君向汉元帝谢恩的时候，汉元帝看到昭君又美丽又大方，使汉宫为之生色。

传说汉元帝回到内宫，越想越懊恼。他再叫人从宫女的画像中拿出昭君的像来看。模样虽有点像，但完全没有昭君本人那样可爱。原来宫女进宫后，一般都是见不到皇帝的，而是由画工画了像，送到皇帝那里去听候挑选。有个画工名叫毛延寿，给宫女画像的时候，宫女们送点礼物给他，他就画得美一点。王昭君不愿意送礼物，所以毛延寿没有把王昭君的美貌如实地画出来。汉元帝一气之下，把毛延寿杀了。

王昭君在汉朝和匈奴官员的护送下，离开了长安。她骑着马，冒着刺骨的寒风，千里迢迢地到了匈奴，做了呼韩邪单于的阏氏（妻子），希望能为匈奴带来安宁和平。昭君远离自己的家乡，长期定居在匈奴，她劝呼韩邪单于不要去发动战争，还把中原的文化传给匈奴。从此，匈奴和汉朝和睦相处，有六十多年没有发生战争。

38. 马援——马革裹尸军人魂

"马革裹尸"是激励历代将士的一句豪言壮语，不知有多少军人在它的激励之下舍身赴死、为国捐躯。这句话源自东汉伏波将军、新息侯马援。马援——一位充满传奇色彩、令人敬佩的一代名将，在两汉交替之际，他以自己出色的将才为壮丽的历史画卷添上了浓墨重彩的一笔。

马援自小立有大志。十二岁时，父亲就去世了，兄长们都很器重他。马援曾经学习儒家经书《齐诗》，当时的读书人都以此为敲门砖，用来换取功名利禄。但是马援不愿死背章句，就辞别长兄马况，打算去边塞放牧耕作。马况对他说："你是大器晚成，要好好磨炼自己。现在你愿意放牧，那就去吧。"

马援在王莽统治的时候，做过扶风郡的督邮。有一次，郡太守派他押送犯人到长安。半路，他看犯人们哭得挺伤心，就把他们放走了，自己也只好丢了官，逃亡到北地郡躲起来，后来在那边搞起畜牧业和农业。不到几年工夫，马援成了一个大畜牧主和地主，有了牛羊几千，还积蓄了几万斛粮食。

但是他并不想一直留在那里过富裕生活。他把自己积贮的财产牛羊，分送给他的兄弟朋友。他说："一生做个守财奴，太没有出息了。"他还说："男子汉大丈夫，应该有远大志向。越穷越坚强，越老越健壮。"

王莽失败后，马援投奔汉光武帝，立了很多战功。

公元 44 年秋天，马援从外面打仗回来，有人劝他说："您已经够辛苦了，还是在家里休养休养吧。"马援豪迈地说："不行，现在匈奴和乌桓还在，我正要向皇上请求保卫北方。男子汉大丈夫，死就应该死在边疆，让别人用马革裹着尸首送回来埋葬。怎么能老呆在家里，跟妻子儿女过日子呢？"不久，匈奴和乌桓果然接连侵犯北方，他主动请求出征，前往北方迎战。

北方平定下来不久，南方武陵五溪蛮暴动，光武帝两次派兵征讨，都被打败。光武帝为这件事很担忧。那时候马援已经六十二岁了，但还是请求光武帝让他带兵去打仗。

光武帝瞧了瞧马援，见他的胡子都白了，说："将军老了，还是别去了吧！"可是马援不服老，就在殿前穿铠甲，跨战马，雄赳赳地来回跑了一转。光武帝无不赞叹说："好硬朗的老人家！"就派他带领马武、耿舒等人和四万人马去攻打武陵，结果大败蛮兵。因长期辛劳，马援患了重病，在军中死去，从而实现了他"马革裹尸"的誓言。

39. 班超投笔从戎建功业

投笔从戎

班超是东汉时著名的政治家、军事家和外交家。因安定西域功勋卓著，他被朝廷封为定远侯，从此，彪炳青史。

公元 73 年，班超四十一岁。此时，西陲的匈奴犯乱，气焰嚣张，大汉在西域的都护也不复存在，兴盛多时的丝绸之路凋敝，严重影响着东汉的政治和经济。汉明帝刘庄诏令大军西征。这一消息令整日在兰台抄写官报文牍的班超不胜惊喜，就将手中笔丢于地上，决心参军报效国家，这就是著名的"投笔从戎"的典故。

虎胆龙威

班超报效祖国，干一番宏图大业的志向终得以如愿，被任命为代司马，跟随都尉窦固去打仗。班超西域第一仗是出击哈密。班超采用以少胜多的办法，他亲自挑选了三十六名精干的轻骑勇士，直奔哈密，一举将无任何防范举措的呼衍王追至巴里昆湖一带。短兵相接中，班超冲杀到最前面，以少围多把匈奴军杀得人仰马翻。此一役，使匈奴军重创，稳定了西域战局，为重开丝绸之路奠定了基础。

一战成名

班超仅带领三十六名壮士首先来到了鄯善国。班超是东汉出使鄯善国的第一个使者，一开始，鄯善王对久盼而至的汉使招待得非常周到，但不久之后，忽然变得十分怠慢。原来鄯善王已倒向北匈奴了。

班超果然料事如神。他召集全体使团紧急合议，说出了计谋："乘夜黑用火攻匈奴使团的驻地，叫他们摸不清底细，必然惊恐万分，乱成一团，我们就可一举成功。消灭了匈奴使团，鄯善王心惊肉跳，定会依附于我们！"

夜黑，风急。三十六名勇士突然出现在匈奴使团驻地，分兵把住营帐门口，四名火攻手点燃子营帐四角，火借风势冲天而起，几名军鼓手特地将战鼓擂得撼天动地。火光冲天，杀声遍野。匈奴余下的一百多人则无法逃出，与营帐一起化为灰烬。

首战告捷。这位鄯善王尝到了东汉的厉害，知道了班超的才华，为表示诚心归汉，立即把王子送到东汉首都洛阳做质子。

狐胆英雄

班超决定攻疏勒国。三十六名勇士神不知鬼不觉地夜走戈壁，仅十余天就径直插到了疏勒国城下。

班超派部将田虑去城中见兜题，劝他立即投降，如其不肯，就地活捉。兜题见田虑马瘦人单，断然拒降。乘兜题轻敌大意，左右无备，田虑一声喝冲上去，手脚极利索地把兜题捆了个结实，其身边侍从早已吓得作鸟兽散。

田虑像鹰叼小鸡一样，把兜题押在马背上，策马飞驰到营地。班超率三十六名勇士像几把利剑直插盘橐城，兵不血刃便占领了疏勒国，此一役，成为我国古代作战史上以少胜多的经典之战。

此后的十八年间，班超以疏勒为根据地，仅凭一支小分队，发挥着千军万马的作用，成功地从塔里木盆地南缘驱逐了匈奴势力，为东汉在天山南北最终战胜匈奴奠定了稳固的基础，这真是一个军事奇迹。并且，班超以此地作为联络西域各国的大本营，留下诸多佳话。

仁者无敌

大月氏得知班超在西域的屡屡胜绩，便派遣使臣带着珍宝和狮子等物来到班超驻地尽力讨好，并提出要娶汉朝的公主做自己的嫔妃。提亲之事非同小可，班超怎能贸然答应呢？

于是，大月氏对此耿耿于怀，想给班超点颜色看看。公元85年，大月氏副王统率七万大军浩浩荡荡东进，穿越葱岭，向班超的西域营地逼来。

班超下令坚壁清野，严守阵地。月氏军一次接一次强攻，班超根本不予出战。果然不到一个月，月氏军粮草用完，七万人马吃什么，喝什么？没有一丁点儿着落啊！班超料到，侵略军必然会向龟兹求援，便派兵在必经路上进行阻击，重创了运粮队，杀死一名使者，并割下其头颅送到大月氏副王处。副王见身陷图圄，粮食断绝，退路堵死，没有援兵，成了笼中困兽，连回家也无指望了，不得不投降班超，向班超谢罪，请求放一条生路。

班超宽大为怀，也不愿与大月氏结怨，于是网开一面，让大月氏军队顺原路回国去了。

荣归故里

长期战争，戍卫边关，连续劳累，班超随着年龄增大，体弱不济，难免思念故乡。一晃眼，班超离开故乡和家人已三十一个年头了。汉和帝深为所动，准班超告老还乡。可惜刚回到洛阳一个多月便病逝，但总算叶落归根了。

40. 张衡才高德勋

张衡是东汉时期的发明家、科学家、天文学家、哲学家，河南南阳西鄂人。十七岁那年，他离开家乡，先后到了长安和洛阳，在太学里用功读书。

当时洛阳和长安都是很繁华的城市，城里的王公贵族过的是骄奢淫逸的生活。张衡对这些都看不惯。他写了两篇文学作品《西京赋》和《东京赋》，讽刺这种现象。据说他为了写这两篇作品，经过深思熟虑，反复修改，前后一共花了十年工夫，可见他研究学问是非常认真严肃的。

但是张衡的特长还不是文学，他特别爱好数学和天文研究。朝廷听说张衡是个有学问的人，召他到京城做官，先是在宫里做郎中，后来担任了太史令，叫他负责观察天文，这个工作正好符合他研究的兴趣。

经过他的观察研究，他断定地球是圆的，月亮是借太阳的照射才反射出光来。他还认为天好像鸡蛋壳，包在地的外面；地好像鸡蛋黄，在天的中间。这种学说虽然不完全精确，但在一千八百多年以前，能说出这种科学的见解来，不能不使后来的天文学家钦佩。

不光是这样，张衡还用铜制造了一种测量天文的仪器，叫做"浑天仪"，上面刻着日月星辰等天文现象，是一种演示天球星象运动用的表演仪器。

那个时期，经常发生地震。有时候一年一次，也有一年两次。发生了一次大地震，就影响到好几十个郡，城墙、房屋发生倒坍，还死伤了许多人畜。

当时的封建帝王和一般人都把地震看作是不吉利的征兆，有的还趁机宣传迷信、欺骗人民。但是，张衡却不信神，不信邪，他对记录下来的地震现象经过细心的考察和试验，发明了一个测报地震的仪器，叫做"地动仪"。据当时记载："验之以事，合契若神。"它甚至可以测到数千里之外的地震，令人叹服。

41. 中华神医——华佗

　　华佗，字元化，是东汉末年、三国初期安徽亳县人，我国古代伟大的医学家和药物学家，对充实和丰富我国古代医学宝库作出了重大贡献。

　　他是外科鼻祖。一天清晨，有两个人用车推着一个病人到华佗诊所来看病。病人腹部疼得厉害，面色苍白，两腿弯曲并精神萎靡不振。华佗给病人摸了脉搏，而后轻轻地解开病人的衣服，用手按按肚子，病人突然怪叫了一声。他又仔细地望了望病人的神色，对病者的家里人说："生的是肠痈（阑尾炎），要立即开刀！"于是把病人抬上手术台。华佗让病人用酒送服"麻沸散"。过了不一会儿，病人失去了知觉。华佗又让徒弟给病人腹部涂药消毒。手术的准备工作完成了，华佗用消过毒的刀将病人腹部剖开，把手伸入腹腔，割去阑尾，再用药制的桑皮纸线缝好刀口，敷上特制的消炎药膏。做完手术，华佗告诉病人家属："过七、八天刀口就会长好，一个月后就可参加劳动。"

　　千百年来，人们传说的华佗给关公"刮骨疗毒"的故事，更是脍炙人口。三国初期的时候，有一次，关羽到樊城去攻打曹操，右臂被毒箭射中。后来，伤口渐渐肿大，十分疼痛，不能动弹，经有名医生多方诊治，始终无效。一天，关羽和他的部将正在发愁，忽然，部下前来报告，说医生华佗要进见。关羽说："请进帐来！"华佗进来后，关羽说："您如果能把我的右臂治好，我是感谢不尽的。"华佗说："我正是为治您的病才来的。办法倒是有，只是怕您忍受不了疼痛。"关羽听后笑了笑说："我是一个久经沙场、出生入死的人，千军万马尚且不怕，疼痛有什么了不起！"华佗说："那就好了。您中的箭是乌头毒箭，现在毒已入骨。我准备在房梁上钉上一个铁环，把您的右臂伸进铁环中去，再把您的眼睛蒙上，然后给您动手术。"关羽说："不用什么铁环，你就给我治吧！"翌日，关羽设宴犒劳华佗。饮宴完毕，关羽一边和谋士对弈，一边袒胸伸出右臂。华佗抽出消过毒的尖刀，割开关羽的胳膊，骨头已变成青色。他用刀"喳喳"地将骨头上的箭毒刮净，而后缝合复原，敷上药，包扎好。手术后，关羽站起来对华佗说："现在我的右臂不疼了，您真是妙手回春啊！"

华佗断病准确，创造了许多奇迹。他在内科方面的诊断医术相当高明，能够准确地掌握各种病症的规律。他通过对病人面目、形色、病状的观察，可以判断病人的吉凶，甚至可以预见一个人的生死。

有一次，华佗去探望一个叫徐毅的官吏，正值徐毅患胃病。徐毅高兴地说："华大夫，你来得正好。我昨天胃痛，请一位大夫针灸，针后咳嗽得很厉害，简直是坐卧不安，您看看是怎么一回事？"华佗仔细地观察了针灸的穴位说："医生没找准穴位，他没扎到胃部而扎到肝脏里去了。你这几天食欲不振吧？要安心休养！"华佗走出房间后，对送他出门的家属轻声地说："准备后事吧！徐毅顶多能活五六天。"果然，第二天徐毅病势转重，五天后死去了。华佗能做出这样的诊断，说明他的经验十分丰富。

华佗不仅精通内科医术，对治疗体内寄生虫也有独到的功夫。有一次，扬州太守陈登肚子痛，面红耳赤，饮食不进。他听说华佗能驱治寄生虫，便请来华佗诊治。华佗望了望陈登的气色，摸了摸他的脉搏说："你的胃里长了虫子，若是不及时治疗，就要发展成一种肿烂的毒疮。你是不是吃了不清洁的鱼啦？"说完，华佗便从药囊中取出几种草药，煎煮成两大碗药汤，让陈登服下。服药不久，陈登吐出了许多红头虫子，肚子果然不痛了。

华佗在妇产科和小儿科方面的经验也颇为丰富，达到了很高水准。有一个妇女，患了很重的病，腰酸背痛，吃不下饭，喝不了水，前来请华佗医治。华佗摸完脉对妇女的丈夫说："从脉上看，她是怀孕期间受了伤，胎儿没生下来。"妇女的丈夫说："对了，她是受了伤，可胎儿已经生下来了。"华佗又说："按脉理看，胎儿还在肚里，先治治看吧！"就一面叫她吃药，一面给她扎针。隔了一天，那妇女肚子疼得厉害，又来请华佗诊治。华佗检诊完毕说："从脉理来看，跟前几天一样，她这是双胞胎。在她受伤以后，第一个婴儿生下来的时候，由于流血过多，第二个就没能顺利生下来，以致胎儿死在肚中，影响血脉不通，这就是她的脊背疼痛得厉害的原因。"后来，接生的人果然从那个妇女的肚子里取出一个男孩来，胎儿手脚齐全，只是颜色已经变黑。

东阳有个叫陈叔山的人，请华佗给他两岁的孩子看病。他的小孩患了严重的痢疾，日夜哭吵不停，身体消瘦，其他医生都不敢给他治了。华佗先摸脉，接着摸摸孩子的全身，又看了看孩子的咽喉，对陈叔山说："你的孩子生病，是他母亲身体不健康，奶水营养差的缘故。生病以后，调养得又不好，所以弄成这个样子。"华佗给孩子服用了自制的"四物女宛丸"，不到十天功夫，病就好了。

华佗还创造性地运用"心理疗法"。有一个郡的郡守得了重病，华佗检诊后，退出病房，告诉郡守的儿子说："你父亲得的病很奇怪。他的肚子里积了很多淤血，服药根本无效，只有他大发雷霆，吐出淤血，病才会好。"郡守儿子着急地说："怎么才能让他吐出淤血呢？"华佗说："请你把你父亲的缺点告诉我，我给他写封信，大骂他一顿。他一生气，就会将淤血吐出来。"后来，郡守看见华佗给他的信，果然动怒了，他气愤地说："华佗简直是侮辱我的人格！"说着，他立刻吐了大量黑血，不久，病就痊愈了。

华佗治病，不墨守成规，而是根据病人的不同情况，进行"辨证治疗"。曹操患偏头疼病，久治无效，经华佗针刺就不痛了。倪寻和李延两人，也都患头痛发热，华佗给倪寻吃泻药，给李延吃发汗药，结果都治好了。别人问他这是什么道理。华佗回答说："倪寻是伤食，李延是外感，所以治法不能一样。"

华佗是古代医疗体育的创始人之一。他根据"流水不腐，户枢不蠹"的原理，创造了一种叫做"五禽之戏"的体育运动。这种体育运动就是模仿虎、鹿、熊、猿、鸟五种禽兽运动姿态的体操。体质衰弱的人，练了"五禽之戏"，可以使体魄健壮起来；患病的人，练了"五禽之戏"，可以加速康复的进程；年迈的人，练了"五禽之戏"，可以返老还童，容颜焕发，精力旺盛。

42. 关羽义勇倾三国

关羽，字云长，别字长生，东汉河东解县常平里人。他是三国史上著名的将领，也是中国历史上屈指可数的武将之一。他不仅武艺高强，而且忠诚守信，是蜀汉政权的忠臣良将。他被后来的统治者尊崇为"武圣"，与号为"文圣"的孔夫子并驾齐驱。

青少年时期的关羽，就有匡国济民、除暴安良的意愿和志气，二十岁时，他即拜别父母，游历郡里，习学武艺。时有河东吕氏豪强横行乡里，鱼肉百姓，关羽在百姓的协助下，奋起诛灭了吕氏家族，随后即逃至涿郡。关羽逃到涿郡后，便投奔到刘备门下，与涿郡人张飞一起成为刘备的帮手。

汉献帝初平二年（191），关羽随刘备攻打青州，被刘备任命为别部司马，同张飞分别统领步兵。关羽与张飞甘心为刘备奔走效命，充当马前卒。平时，他们总是侍奉于刘备左右，如同护卫一样；战时，他们又不避艰难险阻，冲锋陷阵。刘备也与二人同榻共寝，情同手足。三人从此结下了深厚的友谊。

建安四年（199）刘备杀了徐州刺史，将徐州占为己有，并任命关羽为下邳郡太守。曹操得知刘备自树旗号，即起兵追击，虏其妻室儿女，并进击下邳。在众寡悬殊，猝不及防的情况下，关羽只好投降曹操。

由于关羽武艺高强，能征善战，而曹操正值与袁绍决战，渴望招揽英才强将，所以关羽受到曹操格外优待，被任为偏将军，他也十分感激曹操对他的恩德，为曹操立了战功。在官渡之战中，袁绍派颜良等将曹操部下、东郡太守刘延包围在白马城，指挥十倍于曹军的兵力从黎阳渡河向南，企图一举歼灭曹军。曹操采取声东击西的战术，率军趋黄河南岸的延津，吸引袁军主力渡河向西。袁军渡过黄河，果然直扑延津。而曹操却率张辽、关羽等将领日夜兼行，东趋白马，解了白马城之围。关羽单骑突入颜军万众之中，望见戎车麾盖，断定必是颜良战车，便策马冲去，双方激战数十余合，颜良终被关羽斩于车下。

这次战役，关羽以惊人的勇气、高强的武艺，为曹军赢得了胜利，也为曹操最终击败袁绍奠定了基础，曹军将士为之镇服。

关羽身在曹营，却总是怀念刘备。官渡之战以后，关羽单骑逃出曹营，与刘备相聚。

袁绍败后，刘备又失生存之地，只好南奔荆州，企图在其同家兄弟荆州刺史刘表手下谋取出路。于是关羽、张飞也都随同刘备到了荆州。从建安六年到建安十三年（201—208），关羽同张飞等人随刘备驻屯于荆州新野，在此，他们帮助刘备扩充队伍，训练士卒，储积军需，以待东山再起。刘备先后接纳了荆州名士徐庶，三顾茅庐请出诸葛亮，为自己指陈天下大势，谋取霸业方略，从而奠定了占据荆州、进取益州的基本战略。

建安十三年（208），曹操直取荆州。关羽只得与刘备一行渡过汉口，进驻夏口。

赤壁之战后，曹军北撤，荆州又让刘备占领，关羽守荆州，任襄阳太守。关羽调动水军攻打樊城，并进攻汝南。樊城曹仁守军亦同心固守，奋死抵抗，战事陷入胶着状态。从八月到十月，樊城被关羽围困两个月，荆州以北的曹操部属不断投降关羽。

孙权大将吕蒙率兵进取荆州，使关羽处于腹背受敌之境，顿时转胜为败。关羽得知荆州失守，即刻率军南撤，企图占据江陵西北的麦城。十二月，孙权进取麦城，关羽率十余骑遁走，行至漳乡，被孙权部将杀害。

关羽以失守荆州而结束了自己的戎马生涯，然而人们并不因此而否认他武艺高强和能征善战。

43. 诸葛亮忠公体国

诸葛亮，字孔明，号卧龙，琅邪阳都人，公元181年出生于琅邪阳都的一个官吏之家。诸葛氏是琅邪的望族，先祖诸葛丰曾在西汉元帝时做过司隶校尉。诸葛亮早年丧父，与弟弟诸葛均一起跟随由袁术任命为豫章太守的叔父诸葛玄去了豫章。公元197年，诸葛玄病逝。诸葛亮和弟妹失去了生活依靠，便移居隆中，隐居乡间耕种，维持生计。

诸葛亮读书与当时大多数人不一样，不是拘泥于一章一句，而是观其大略，并喜欢吟诵《梁父吟》这首古歌谣。通过潜心钻研，他不但熟知天文地理，而且精通战术兵法。他志向远大，以天下为己任，十分注意观察和分析当时的社会，积累了丰富的治国用兵的知识。

公元207年，诸葛亮二十七岁时，刘备"三顾茅庐"于襄阳隆中，问以统一天下之大计。诸葛亮分析了当时的形势，提出了首先夺取荆州、益州作为根据地，对内改革政治，对外联合孙权，南抚夷越，西和诸戎，等待时机，两路出兵北伐，从而统一全国的战略思想。

刘备听了诸葛亮这一番精辟透彻的分析，思想豁然开朗。他觉得诸葛亮人才难得，于是恳切地请诸葛亮出山，帮助他完成兴复汉室的大业。

诸葛亮在危难之际出山辅佐刘备，联合孙权抗击曹操，大败曹军于赤壁，夺取了荆州；公元211年，攻取益州；继又击败曹军，夺得汉中。公元221年，刘备在成都建立蜀汉政权，诸葛亮被任命为丞相，主持朝政。公元 223 年，刘备病危，把刘禅托付给诸葛亮。

刘禅继位，诸葛亮被封为武乡侯，领益州牧。诸葛亮勤勉谨慎，大小政事必亲自处理，赏罚严明，与东吴联盟，改善和西南各族的关系，实行屯田，加强战备。公元 227 年，诸葛亮上疏《出师表》给刘禅，率领大军前后六次北伐中原，都因为粮草用完而没有成功。十二年后，诸葛亮终于因为过度劳累，病逝于五丈原军中。

诸葛亮在军事上的成就有：注重革新军械、装具，研制了一发十矢连弩和适应山区运输的木牛流马等作战工具，并改进钢刀，增强了蜀军战斗力。好兵法，推演阵法作"八阵图"，为后世传扬。重视部队的节制和训练，主张以法治军，讲究为将之道。用兵力主审时度势，谨慎从事；每战力求速决；重视后勤，常年派官兵千余名整修都江堰，确保军粮生产；每次退却时都十分慎重，采取在山地设伏等手段，以掌握主动，保证安全。

诸葛亮是三国时期蜀国杰出的政治家、思想家、军事家。千百年来，诸葛亮成为智慧的化身，其传奇故事为世人传诵。诸葛亮虽然没能实现统一国家的夙愿，但通过不懈的努力，为我国西南地区的开发和国家统一作出了一定的贡献。他的聪明才智和鞠躬尽瘁、死而后已的精神一直受到人们的尊敬和推崇，给后世留下了深远的影响。

44. 立志收复失土的传奇英雄——祖逖

　　祖逖，字士稚，河北涞水人。他生活的时代正当西东晋更迭的乱世。为了收复祖国北方的山河，他曾自己招募军队，领兵北伐，并取得了极大的成功。如今妇孺皆知的"闻鸡起舞"、"中流击楫"等成语典故说的就是他的故事。为了国家的统一、人民的安乐，他呕心沥血，竭智惮精，是我国古代为维护国家的统一而名传千古的民族英雄。

　　祖逖青年时行侠仗义，素有大志。当时，祖逖和一个叫刘琨的人意气相投，他们俩白天一起读书，夜晚同床而睡，所谈论的总是国家大事、民族存亡，并深深为晋朝廷内忧外患的处境而担忧。当时的皇帝晋惠帝司马衷是个昏君，整天只知道吃喝玩乐，不理朝政，眼看着北方匈奴、鲜卑等少数民族势力一天天壮大，随时都有进犯中原的可能，而国内各地的藩王都拥兵自重，明争暗斗，内乱一触即发。祖逖和刘琨虽身处乱世，仍自强不息，不忘武艺的演练，做好有朝一日能报效祖国的准备。每当凌晨第一声雄鸡报晓的时候，他们就赶快起来，拿着宝剑到院子里练习剑术。这就是中国历史上流传至今的"闻鸡起舞"的故事。

　　公元291年，西晋统治集团内部矛盾大爆发，这就是史书所称的"八王之乱"。宗室八个王为争夺中央统治权力，从公元291年到306年，整整进行了十六年的大混战，给人民带来了极大的灾难。这时，北方的匈奴、卑、氐、羌等少数民族也乘乱先后进犯中原，坐镇下邳的晋琅琊王司马睿也感受到了威胁。公元307年，司马睿以安东将军、都督扬州江南诸军事的身份移镇南京，在南北大族的支持下，建立了事实上的江南小朝廷。公元317年，西安被刘聪攻陷，西晋最末一个皇帝司马邺被俘。消息传到南京，司马睿称晋王，第二年称帝，改建业为建康，史称东晋。

祖逖随家逃往江南后，由于有官职、俸禄，家人也不曾离散，因此生活还过得去，但他却始终不能忘怀中原处于水深火热之中的父老乡亲，难以忍受匈奴、鲜卑对中原土地的侵占。

耳闻故土人民不断传来的求救呼声，祖逖认为北方民心可用，北伐是有希望成功的。因此，在东晋建国之前，他就向司马睿请求北伐，并慷慨陈词："中原河山落入匈奴贵族之手，老百姓都受到残酷压榨，人人都想起来反抗，如果朝廷派出精锐之师，我愿为先驱，领兵北伐，收复失陷河山，解救我的同胞于敌军铁蹄之下！"而司马睿只是口头上要北伐复国，内心里想的却是当一个偏安江南的小皇帝。他虽然不愿意北伐，但也不便公开反对，于是就任命祖逖为奋威将军、豫州刺史，只给他一千人的粮饷，三千匹布，叫祖逖自己制造兵器、招募军队，进行北伐。祖逖对司马睿尽管深感失望，但他矢志北伐的决心仍坚定不移。

回家后，他四处奔走呼号，将自己的家人和朋友们组织起来，并招募一些有识之士，组成了一支数百人的精锐北伐先锋。他们手执武器，身负统一国家的重托，在公元313年秋天，开始了挥师北伐、收复中原的壮举。

当北伐军乘坐的船只到达长江中心时，祖逖回头遥望江南秀丽的山河，手持宝剑，叩击船桨，慷慨激昂地对天发誓："我祖逖这次如不能收复中原，就像滔滔江水一样，一去不回头！"他的誓言激励了数百名北伐将士，一时间，长江上空响彻了收复河山的怒吼。这就是后世流传的"中流击楫"的成语典故。

渡江后，祖逖在淮阴冶铸兵器，募征到两千多人加入北伐军。他进到安徽亳县，杀割据称雄的流人坞主张平，粉碎了羯人石虎的围攻，进军陈留郡；接着打败依附于后赵开国皇帝石勒的流人坞主陈川，进屯今河南封丘、杞县等地，他还收编原来在河南一带屯聚的坞主赵固、上官已、李矩、郭默等。祖逖与将士同甘共苦，不蓄资产，宗族子弟都参加耕地、挑柴；对新投奔来的人也一视同仁、热情接待。

凡坞主有人质在北方军队手中而来投靠者，祖逖一概秘而不宣，坞主都非常感激，知道石勒的军情都来告知祖逖。因此，祖逖北伐取得一定的成绩。祖逖在重新收复的地区劝课农桑，练兵积谷，积极为进军河北做准备。正在这时，晋元帝司马睿担心祖逖功高盖主，便任命亲信大臣戴渊为征西将军来节制祖逖。祖逖后来的军事行动处处受到掣肘，因而忧愤成疾，病死于军中。

45. 田园诗人——陶渊明

陶渊明，名潜，字元亮，世号靖节先生，浔阳柴桑人，是我国古代杰出的文学家。

田园诗人陶渊明"不为五斗米折腰"的故事，一直传为美谈。诗人坚持高远的理想和志趣，不与世俗同流合污的孤高品格，成为后世正直文人的人生目标。

由于家庭和儒家思想的影响，陶渊明少年时代起就对统治阶级抱有幻想，立志为国为民干一番事业。但当时东晋社会，贵族垄断了高官要职，出身庶族寒门的人则遭到无理压制，陶渊明虽有济世之才，却一直得不到重视。他的政治抱负不仅难以施展，而且还要忍受屈辱与一些官场人物周旋，这使他十分痛苦，加上当时老庄思想和隐居的风气非常盛行，就产生了爱慕自然、向往隐逸的念头。他在四十一岁时毅然解职归田，从此隐居不再做官。在此后的二十年中，他同劳动人民有了广泛的接触，还亲自参加农业劳动，思想感情发生了很大变化，为他创作田园诗提供了重要条件。

陶渊明流传下来的诗歌大约有一百二十多首，另外还有散文、辞赋多篇。其中田园诗是陶诗的重要部分，内容描写农村生活、田园风光和淳朴的风俗人情，如四言《时运》、

五言《归园田居》等。这些田园诗抒发了作者对宁静、闲逸生活的衷心喜爱，表现了作者淡泊旷达、安贫乐道的品格。艺术上，他追求诗歌语言朴素明洁，平淡自然，像是从"胸中自然流出"，没有一点斧凿痕迹，为古典诗歌开辟了田园诗的新境界。

同时，诗人还写了一些咏怀、咏史的篇章，这些诗通过对自己一生经历中的种种感受、体验和对历史的缅怀，寄托诗人的理想，对黑暗的现实具有批判意义。与田园诗相比较，这类诗更富于政治性和现实性。陶渊明的辞赋散文数量不多，但在思想、艺术上都有独特的成就，像《桃花源记》《归去来兮辞》《五柳先生传》，直到今天仍是传诵的名作。

46. 领先世界的数学家——祖冲之

祖冲之（429—500）是我国南北朝时期一位成绩卓著的科学家。他不仅在天文、数学等方面有过闻名世界的贡献，而且在机械制造等方面也有许多发明创造。他的发明为促进社会生产的发展，建立了不可磨灭的功绩，受到了中国人民和世界人民的尊敬。

祖冲之的祖父名叫祖昌，在宋朝做管理朝廷建筑的官员。祖冲之长在这样的家庭里，从小就读了不少书，大家都称赞他是个博学的青年。他特别爱好研究数学，也喜欢研究天文历法，经常观测太阳和星球运行的情况，并且做了详细记录。

他喜欢探索大自然的奥秘。我国古代劳动人民，由于畜牧业和农业生产的需要，经过长期的观察、实践，积累了丰富的天文历法知识，发现了日月运行的基本规律，制成了历法。祖冲之对这种还不够周密、精确的历法进行了改革。一天，年轻的祖冲之，正在自己书房中翻阅历书，发现了旧历法的问题。他沉思了片刻，忽地站了起来，走到窗边，卷起竹帘，推开窗子，斜射的夕照把他的身影拉得长长的，拖在地上。在房里，他一边来回地走动，一边思索这样的一个问题：要进一步提高历法的精度，光靠桌上的那几本历书行吗？不行！得靠自己去观测，用实际观测得来的数据，才能进行正确的计算。从哪里入手呢？对！就从测定冬至的日期着手！

从此，在他的观测站上，立起了一个八尺高的圭表，观测日影的长度。在这些日子里，他"亲量圭尺"，脸晒黑了，手冻出了裂口，但观测册上却记下了一个又一个数据；记录着一个又一个变化的日影。他总结失败的教训，困难面前不气馁，他终于找到了一个新的方法：不直接观测冬至那天日影的长度，而观测冬至前后二十三四天的日影长度，再取它的平均值，求出冬至发生的日期和时刻。因为离冬至日远些，日影的变化就快些，所以这一方法提高了冬至时刻的测定的精度。祖冲之制定的《大明历》中规定一回归年为365.242 814 81日，与现代天文学所测结果，一年中仅有六十万分之一的误差，这是多么精密的结果啊！这是历法史上的一个创举，揭开了我国历法改革的崭新一页。

　　他敢于坚持真理。公元462年，祖冲之请求宋孝武帝颁布新历，孝武帝召集大臣商议。那时候，有一个皇帝宠幸的大臣戴法兴出来反对，认为祖冲之擅自改变古历，是离经叛道的行为。祖冲之当场用他研究的数据驳回了戴法兴。戴法兴依仗皇帝的宠幸，蛮横地说："历法是古人制定的，后代的人不应该改动。"祖冲之一点也不害怕，他严肃地说："你如果有事实根据，就只管拿出来辩论，不要拿空话吓唬人嘛。"宋孝武帝想帮助戴法兴，找了一些懂得历法的人跟祖冲之辩论，也一个个被祖冲之驳倒了。但是宋孝武帝还是不肯颁布新历。直到祖冲之死后十年，他创制的大明历才得到推行。

　　他在深入学习古人成果、广泛实践的基础上，盘算着如何去消化前人智慧的全部成果，开拓数学研究的新路，终于推算出世界上第一个最精密的圆周率。

　　一天，祖冲之早上进宫办完杂事，就匆匆赶回了家，在书房的地板上画了一个直径一丈的大圆，运用"割圆术"的计算方法，在圆内先作了一个正六边形。他的工作就这样开始了。日复一日，不论是酷暑，还是严寒，从不间断地辛勤地计算着……祖冲之为了求出最精密的圆周率，对九位数进行包括加减乘除及开方等运算一百三十次以上。这样艰巨复杂的计算，在当时，既没有电子计算机，也没有算盘，只靠一些被称作"数筹"的小竹棍，摆成纵横不同的形状，用来表示各种数目，然后进行计算。这不仅需要掌握纯熟的理论和技巧，而且，更需具备踏踏实实、一丝不苟的严谨态度，不惜付出艰巨的代价，才能取得杰出的成就。

　　祖冲之为了求出最精密的圆周率，逐次以圆内接正六边形、十二边形、二十四边形、四十八边形、九十六边形的边长当作圆周长，计算与直径的比值，一直割圆到二万四千五百七十六边形，这样边已经和圆周紧贴在一起，而不能再割了，于是他算出：二万四千五百七十六边形各边总长为 3.141 592 61 丈。

　　祖冲之经过艰苦的计算，终于得出较精确的圆周如直径为 1，圆周大于 3.141 592 6，小于 3.141 592 7。这个结论，用现代数字符号写出，就是：$3.141\,592\,6 < \pi < 3.141\,592\,7$。

　　功夫不负苦心人，祖冲之求出的圆周率，精确到小数点后七位，这在当时，全世界上只有他一人。祖冲之为世界数学史和文明史作出了伟大贡献，是我们中华民族的骄傲！

　　祖冲之在科学发明上是个多面手，他研制了一种指南车，随便车子怎样转弯，车上的铜人总是指着南方；他又造过"千里船"，在新亭江（在今南京市西南）上试航过，一天可以航行一百多里；他还研制了"水碓磨"，利用水力转动石磨，舂米碾谷子。

47. 中华药王——孙思邈

孙思邈，生于隋文帝开皇元年，死于唐高宗永淳元年。孙思邈出生时，他家有十来亩薄地和三孔土窑洞，生活虽不富裕，也还能维持下去。孙思邈却自幼多病，体质很弱。

七岁时，孙思邈学习非常用功，每天能背一千多字的文章。教书先生非常喜欢他，不要他交分文学费，孙思邈也非常尊敬教书先生，经常向先生请教问题。孙思邈十二岁那年，教书先生不幸因病去世。孙思邈为此非常伤心，这更加坚定了他从医的信念。二十岁时，孙思邈医道学成，他一心一意要用自己的精湛医术为穷苦百姓服务。凡是没有钱看病的人，他不但不收诊费、药钱，还腾出房子给远道来的病人住，并亲自熬药给病人喝。不论三更半夜，还是狂风暴雨，只要有人请他看病，他从不推辞，立刻赶去救治。

孙思邈对医术精益求精，而且在医疗实践中不断创新，发现了一些新的疾病，创造出一些新的治疗方法。那时，山区的老百姓中，有的人白天视力正常，一到了晚上，什么也看不见，感到奇怪，便找到孙思邈诊治。孙思邈经调查发现，患这种病的都是穷苦人家，穷苦百姓劳苦终日，得不到温饱，更缺乏营养食品。他想到医书中有"肝开窍于目"的说法，又想到五台山区的飞禽和野羊、野猪很多，便让夜盲症病人吃捕获动物的肝脏。病人吃上一段时间，夜盲症便慢慢地好转了。同时，在当地有几家富人找他看病，他看到病人身上发肿，肌肉疼痛，浑身没劲，孙思邈诊断为脚气病。他想："为啥穷人得的是夜盲症，富人得的是脚气病呢？这很可能也和饮食有关系。"他比较了穷人和富人的饮食，富人多吃精米白面，鱼虾蛋肉，而穷人多吃五谷杂粮，他仔细一分析，粗粮内夹杂着不少米糠麸子，精米白面把这类东西全去掉了。他估计：脚气病很可能是缺少米糠和麸子这些物质引起的。于是他试着用米糠和麦麸来治疗脚气病，果然很是灵验，不到半年，周围几家富人的脚气病都陆续治好了。后来，他还发现用杏仁、吴茱萸等几味中药也能治好脚气病。

　　孙思邈又是世界上导尿术的发明者。有一个病人得了尿潴留病，撒不出尿来。孙思邈看到病人憋得难受的样子，他想："吃药来不及了。如果想办法用根管子插进尿道，尿或许会流出来。"他看见邻居的孩子拿一根葱管在吹着玩儿，葱管尖尖的，又细又软，孙思邈决定用葱管来试一试。于是他挑选出一根适宜的葱管，在火上轻轻烧了烧，切去尖的一头，然后小心翼翼地插进病人的尿道里，再用力一吹，不一会儿尿果然顺着葱管流了出来。病人的小肚子慢慢瘪了下去，病也就好了。

　　后来，孙思邈肩挎药包，翻山越岭到长安一带行医，行进途中，突然看到四个人抬着一口棺材往墓地走。他看见颜色鲜红的血液从棺材缝隙里滴出来，心中一动，赶忙追上去询问跟在棺材后面哭得很伤心的老妈妈。老妈妈告诉他说，她的女儿因为生孩子难产，死了有大半天了。孙思邈听了这段话，又仔细察看了棺材缝里流出来的血水。他断定这个产妇是由于难产窒息而假死。他想：如果这个产妇真正死了，又经过半天多的时间，就不可能再流出鲜红的血液来。于是他判断产妇没有真死，忙叫人开棺抢救。老妈妈一听，半信半疑地让人把棺材盖打开了。棺材打开，孙思邈连忙上前察看。只见那妇女脸色蜡黄，嘴唇苍白，没有一丝血色。孙思邈仔细摸脉，发觉脉搏还在微弱地跳动，就赶紧选好穴位，扎下一根金针，又把身边带的药拿出来，向附近人家要了点热开水，给产妇灌了下去。产妇渐渐苏醒过来，并生下一个胖娃娃。大家见孙思邈把行将入土的人都救活了，而且是一针救活了两条人命，都情不自禁地称赞他是"起死回生的神医"。

孙思邈以高明的医术而名闻都城长安，隋文帝请他出任"国子博士"，这是主管教育行政及给王侯公卿的子弟教书的官职。孙思邈不慕高官厚禄，假托有病谢绝，继续隐居埋名，钻研医学，为山区人民解除疾病的痛苦。

久住山区的人很容易得大脖子病，脖子前面长出一个大瘤子来。孙思邈想：人们常说，吃心补心，吃肝补肝。能不能用羊靥治疗大脖子病呢？他试治了几个病人，果然都治好了。一天，一个患腿疼的病人来就诊，孙思邈便给他针灸。他按照医书上的穴位，扎了几针，都未能止疼。他想，难道除了古人发现的三百六十五个穴位之外，再没有别的穴位了吗？他仔细地寻找新的穴位，一面用大拇指轻轻按掐，一面问病人按掐的部位疼不疼，病人一直摇头。最后，当孙思邈的手指按掐住一点时，病人立即感到腿疼的症状减轻了好多。孙思邈就在这一点扎了一针，病人的腿立刻不痛了。这种随疼点而定的穴位，叫做阿是穴，又名天应穴、不定穴。这是孙思邈对我国针灸学的一大贡献。

孙思邈在医疗实践中，经过不断努力，总结了唐以前的医学理论和临床经验，写成医学巨著《千金方》，这是我国历史上第一部临床医学百科全书，被国外学者推崇为"人类之至宝"。一千多年来，世人为了纪念孙思邈在祖国医学上的丰功伟绩，在全国很多地方，都建有大大小小的药王庙。

48. 代父从军的女英雄——花木兰

北魏末年，柔然、契丹等少数民族日渐强大，他们经常派兵侵扰中原地区，抢劫财物。北魏朝廷为了对付他们，常常大量征兵，加强北部边境的驻防。

木兰据说姓花，商丘人，从小跟着父亲读书写字，平日料理家务。她还喜欢骑马射箭，练得一身好武艺。有一天，衙门里的差役送来了征兵的通知，要征木兰的父亲去当兵。但父亲年纪老迈，又怎能参军打仗呢？木兰没有哥哥，弟弟又太小，她不忍心让年老的父亲去受苦，于是决定女扮男装，代父从军。木兰父母虽不舍得女儿出征，但又无办法，只好同意她去了。

木兰随着队伍，到了北方边境。她担心自己女扮男装的秘密被人发现，因此处处加倍小心。白天行军，木兰紧紧地跟上队伍，不敢掉队。夜晚宿营，她从来不敢脱衣服。作战的时候，她凭着一身好武艺，总是冲杀在前。从军十二年，木兰屡建奇功，同伴们对她十分敬佩，赞扬她是个勇敢的好男儿。

战争结束了，皇帝召见有功的将士，论功行赏。但木兰既不想做官，也不想要财物，她只希望得到一匹快马，好让她立刻回家。皇帝欣然答应，并派使者护送木兰回去。

木兰的父母听说木兰回来，非常欢喜，立刻赶到城外去迎接。弟弟在家里也杀猪宰羊，以慰劳为国立功的姐姐。木兰回家后，脱下战袍，换上女装，梳好头发，出来向护送她回家的同伴们道谢。同伴们见木兰原是女儿身，都万分惊奇，没想到共同战斗十二年的战友竟是一位漂亮的女子。

木兰代父从军的故事很快就传开了，后人更将此编成歌谣广泛流传，一千多年以来有口皆碑。

49. 千古明君——唐太宗

贞观二年（628），唐朝京城附近闹蝗灾。有一天，唐太宗进入禁苑中，看到地上的蝗虫，就拾起几只，对天祷告说："人民靠谷物活命，你却吃掉了庄稼；如今我宁愿让你吃我的肺肠，也不愿意你们去祸害庄稼。"说着就想把蝗虫吞下去，身边的人劝他说："这种坏东西吃下去会生病的！"他说："我愿意代人民受灾，还怕什么疾病呢？"还是把蝗虫吞下肚子里去了。

这年，关内地区发生旱灾与饥荒，有很多百姓卖掉子女来换取衣服和食物，唐太宗下令将皇家仓库中的金银丝绸拿出来，替灾民赎回小孩，送还给他们的父母。他在诏书中还说："如果能让年成丰收，天下平安，即使把灾祸移到我的身上也心甘情愿。"不久，天降大雨，缓解了旱情，百姓都很高兴。

有一次，唐太宗和群臣讨论如何制止盗贼的事，有人主张制定严酷的法律。太宗说："民众之所以偷窃，是因为国家规定的赋税和劳役太重，官吏贪婪，加上自己饥寒交迫，所以就顾不上廉耻了。朕应当节省费用、减少赋税，选用廉洁的官员，这样民众衣食有余，就不会当盗贼了，何必用严酷的法律呢？"几年之后，天下出现了"海内升平，路不拾遗，外户不闭，商旅野宿"的局面。

唐太宗对身边大臣说："皇帝依赖于国家，国家依赖于人民。如果苛求人民侍奉皇帝，就等于割下自己的肉填饱肚子，吃饱了，也就死了；皇帝富裕了，国家也就灭亡了。所以，皇帝的忧患不是来自于外面，而在于自身。皇帝欲望多，花费就高；开支多，人民的赋税就重。民众因此就会十分困苦，国家就危险，皇帝也就当不成了。朕常常这样想，因此不敢放纵自己的欲望。"

有一天，唐太宗对大臣们说："人要看到自己的形象得照镜子，皇帝要想知道自己的过失就得靠忠臣。如果皇帝拒绝群臣进谏而且自以为是，群臣用阿谀奉承的办法事事顺着皇帝的心意，皇帝就会失去国家，群臣也不能自保！像虞世基等为了保住自己的富贵，用谄媚的办法侍奉隋炀帝；隋炀帝被杀，虞世基等也被杀了。你们应该记住这个教训，朕做的事情当与不当，你们一定要说出来。"

唐太宗说："朕每次上朝，想说一句话前都考虑许久，朕担心说的话对民众不利，所以说话不多。"负责记录的官员说："我的职责就是记录圣上说的话，圣上讲错了，我也一定会记下来，否则，圣上讲的话不仅给当今造成损害，而且也会让后人耻笑。"唐太宗听后很高兴，赏赐这个官员帛二百段。

唐太宗对群臣说："人家说皇帝地位尊贵，什么都不怕。朕不是这样，朕上畏惧苍天的审视，下害怕群臣仰望，兢兢业业，还怕不符合天意和民众的愿望。"

50. 民族友好的使者——文成公主

唐太宗贞观十二年，松赞干布率领吐蕃大军进攻大唐边城松州，这时的唐朝正值国富兵强，于是派侯君集督率领大军讨伐，在松州城下把吐蕃打得大败。松赞干布只好俯首称臣，并对大唐的强盛赞叹不已，他在上书请罪的同时，还特向唐廷求婚。

唐太宗经过一番考虑，决定答应他的请求，于是在宫中选定了一个通晓诗书的宗室之女，封她为文成公主。文成公主原是唐太宗一个远亲李姓王侯之女，人长得端庄丰满，自幼饱读诗书，她虽然对遥远的吐蕃心存疑虑，却又充满了向往，因而也就应允了。经过两个多月的准备，贞观十五年隆冬，一支十分壮观的送亲队伍，在礼部尚书江夏郡王李道宗的率领下，护送文成公主前往吐蕃和亲。

经过一个多月的顶风冒雪的艰苦跋涉，送亲队伍抵达了拉萨。在李道宗的主持下，松赞干布与文成公主按照汉族的礼节，举行了盛大的婚礼。松赞干布为公主修筑一座宏伟华丽的宫殿，一座美轮美奂的宫殿——布达拉宫就这样建成了。

生活安定下来后，文成公主带来的汉族乐师们开始履行职责，他们十分卖力地为松赞干布和文成公主演奏唐宫最流行的音乐。音乐舒缓优美，使松赞干布大有如闻仙乐的感觉，他对乐师和音乐大加赞叹，并选拔了一批资质聪慧的少男少女，跟随汉族乐师学习，使汉族的音乐渐渐传遍了吐蕃的领地，流进了吐蕃人的心田。

随行的文士们也开始工作，他们帮助吐蕃整理有关文献，记录松赞干布与大臣们的重要谈话，使吐蕃的政治走出原始性，走向正规化。松赞干布欣喜之余，又命令大臣与贵族子弟诚心诚意地拜文士们为师，学习汉族文化，研读他们带来的诗书；接着他还派遣了一批又一批的贵族子弟，千里跋涉，远赴长安，研读诗书，把汉族的文化带回吐蕃。

随行的农作人员先把从中原带去的粮食种子播种在高原的沃土上，然后精心地灌溉、施肥、除草，等到了收获的季节，那肥壮的庄稼、惊人的产量，让吐蕃人瞪大了眼睛；因为吐蕃人那时虽然也种植一些青稞、荞麦之类的作物，但因管理不善，常常是只种不管，所以产量极低。他们不得不佩服汉族农技人员高超的种植技术。在松赞干布和文成公主的授意下，农技人员开始有计划地向吐蕃人传授农业技术，使他们在游牧之余，还能收获到大量的粮食。尤其是把种桑养蚕的技术传给他们后，吐蕃也逐渐有了自制的丝织品，光泽细柔，花色浓艳，极大地美化了吐蕃人的生活，使他们喜出望外，都十分感谢文成公主给他们带来的好处。

贞观二十三年，唐太宗李世民去世，太子继位为唐高宗。新任大唐天子授松赞干布为驸马都尉，封西海郡王，并且派特使送去大量的金银、绢帛、诗书、谷种，并特为文成公主送去了饰物和化妆品。

由于松赞干布与文成公主努力推行改革，使吐蕃在军事、政治、经济、文化等各个方面，都取得了突飞猛进的发展，因而能称霸西域，成为大唐王朝西方的有力屏障。

唐高宗永隆元年，文成公主在拉萨病逝，令所有吐蕃人哀痛不已。吐蕃人到处为她立庙设祠，以示纪念。

51. "诗仙"——李白

李白（701—762），字太白，盛唐时期最杰出的诗人，也是我国文学史上继屈原之后又一伟大的浪漫主义诗人，素有"诗仙"之称。

他经历坎坷，思想复杂，既是一个天才的诗人，又兼有游侠、刺客、隐士、道人、策士的气质。儒家、道家和游侠三种思想，在他身上都有体现。"功成身退"是支配他一生的主导思想。

李白自少年时代就喜好游侠，写下了不少游侠的诗，《侠客行》是此类诗的代表作。在长安三年经历的政治生活，对李白的创作产生了深刻的影响。他的政治理想和黑暗的现实，发生了尖锐的矛盾，胸中淤积了难以言状的痛苦和愤懑。

李白大半生过着流浪生活，游历了全国许多名山大川，写下了大量赞美祖国大好河山的优美诗篇，借以表达他那种酷爱自由、渴望解放的情怀，其中《梦游天姥吟留别》是其最杰出的代表作。诗人以淋漓挥洒、心花怒放的诗笔，无拘无束地舒展开想象的翅膀，写出了精神上的种种历险和追求，让苦闷、郁悒的心灵在梦中得到了真正的解放。而那"安能摧眉折腰事权贵，使我不得开心颜！"的诗句，更把诗人的一身傲骨展露无遗，体现了李白的人格魅力。

李白作为一个热爱祖国、关怀人民、不忘现实的伟大诗人，也十分关心战争这一重要问题，对保卫边疆的将士予以热情的歌颂（如《塞下曲》），对统治者的穷兵黩武则给予无情的鞭挞（如《战城南》《丁都护歌》等）。李白还写了不少乐府诗，描写劳动者的艰辛生活，表达对他们的关心与同情（如《长干行》《子夜吴歌》等）。

李白的诗具有浪漫主义诗歌最鲜明的艺术特色：极度的夸张、贴切的比喻和惊人的幻想，让人感到的却是高度的真实。李诗中常将想象、夸张、比喻、拟人等手法综合运用，从而造成神奇异采、瑰丽动人的意境，这就是李白的浪漫主义诗作给人以豪迈奔放、飘逸若仙的韵致的原因所在。

李白的诗歌对后世产生了极为深远的影响。中唐的韩愈、孟郊、李贺，宋代的苏轼、陆游、辛弃疾，明清的高启、杨慎、龚自珍等著名诗人，都深受李白诗歌的影响。

52. "诗圣"——杜甫

杜甫（712—770）唐代诗人，字子美，祖籍襄阳（今属湖北），生于河南巩县。由于他在长安时一度住在城南少陵附近，自称"少陵野老"，在成都时被荐为节度参谋、检校工部员外郎，后世又称他为杜少陵、杜工部。

杜甫生长在有文学传统的家庭中，杜甫的祖父杜审言是武后时的著名诗人、官膳部员外郎；父亲杜闲，曾任兖州司马、奉天县令。他七岁即开始学诗，十五岁时诗文就引起洛阳名士们的重视。他的生活从二十岁后可分为四个时期。

漫游时期：从玄宗开元十九年（731）至天宝四年（745），杜甫进行了两次长期的漫游。第一次是在江南一带，他到过金陵、姑苏，渡浙江，泛舟剡溪直至天姥山下。开元二十三年回洛阳应进士考试，未被录取。次年在齐赵一带开始了第二次漫游。他经历这两次漫游，看到祖国秀丽雄伟的山川，吸取了江南和山东的文化，开阔了眼界，丰富了见闻。天宝三年（744），在洛阳与李白相遇，二人畅游齐鲁，访道寻友，谈诗论文，有时也议论时事，结下深厚的友谊。次年秋，杜甫将西去长安，李白准备重游江东，他们在兖州分手，此后没有再会面，杜甫为此写过不少怀念李白的感人诗篇。

长安时期：从天宝五年（746）至天宝十四年（755），杜甫在长安居住 10 年，他的生活、思想和创作发生了巨大的变化。他到长安，目的是求得一个官职，最后得到右卫率府胄曹参军的职务。这已经是杜甫在长安的后期，安禄山叛乱的前夕，人民受到的租税与征役残酷剥削日益加剧。杜甫客观地认识到统治阶层的腐败，体会到人民的疾苦，这期间他写出《兵车行》《丽人行》《前出塞》《后出塞》等一百余首诗。

流亡时期：从肃宗至德元年（756）至乾元二年（759）。安禄山起兵后，长驱南下，很快就攻陷了洛阳、长安。杜甫这时正在鄜州，他听到唐玄宗逃往西蜀，肃宗在灵武即位，便把家属安置在城北的羌村，只身北上，投奔灵武，不幸被叛军截获，送往长安。杜甫陷入贼手将近半年，看着京城一片荒凉，生灵涂炭，听到唐军两次反攻，先后在陈陶、青坂两处都全军覆没的消息，满腔悲愤，写出了《悲陈陶》《悲青坂》《春望》《哀江头》等诗。乾元二年春，杜甫往河南探视旧居，归途上亲眼看到人民在官吏们残酷的压迫下蒙受的苦难，写出著名的《新安吏》《潼关吏》《石壕吏》《新婚别》《垂老别》《无家别》组诗六首，后人简称为"三吏"、"三别"。

漂泊西南时期：从肃宗上元元年（760）至代宗大历五年（770）。这十一年内，他在成都城西浣花溪畔建筑了草堂，结束了四年流离转徙的生活，得到一个栖身的处所。眼前呈现出一片田园美景，花鸟虫鱼都好像对他表示殷勤，使他多年劳苦忧患的生活暂时得到安定。他也怀着无限的爱写出不少歌咏自然的诗歌，但他并不曾忘记流亡失所、无处安身的人们，在《茅屋为秋风所破歌》中唱出"安得广厦千万间，大庇天下寒士俱欢颜"的诗句。

在杜甫一生中的最后两年，往来于岳阳、长沙、衡州、耒阳之间，大部分时间是在船上度过的。他在大历五年冬死于湘江的小船上，终年五十九岁。他临死前写出一首三十六韵的长诗《风疾舟中伏枕书怀》，仍以国家的灾难为念。杜甫死后，灵柩停厝在岳阳，四十三年后即宪宗元和八年（813），才由他的孙子杜嗣业移葬于河南首阳山下。

杜甫的诗歌深刻地反映了唐代安史之乱前后二十多年的社会全貌，生动地记载了他一生所走过的路程，在艺术方面也达到唐代诗歌的最高成就。他的诗被称为"诗史"。杜诗不局限于文艺范围，更重要的是诗中爱国爱人民的精神感召着千百年来的广大读者，直到今天还有教育意义。

53. 唐朝名将郭子仪

郭子仪（697—781），华州县城西马村人，唐代平定安史之乱的主要将领，杰出的军事家、政治家。

郭子仪的父亲做过不小的官。生长在做官人家的孩子，有不少人贪图享乐，不愿学本事。郭子仪不这样，他从小爱读书，尤其喜欢读兵书。读书读累了，他就到院子里练习武功。那时，唐朝已经开始衰落，动荡不安，郭子仪决心练习武艺，保卫国家。郭子仪不但精通武艺，还熟知兵法，所以很快被重用，当了军官。

收复长安

公元 755 年，唐朝发生了一件大事，有两个掌管边境军政大权的将领带头发动了叛乱，一个叫安禄山，一个叫史思明，所以历史上把这次叛乱叫"安史之乱"。叛军很快攻占了唐朝都城长安和东京洛阳，给百姓带来了巨大的灾难。

郭子仪率领十五万大军，直奔长安。这一天，队伍走得又累又渴，忽然迎面碰上了叛军。叛军仗着精力充沛，凶猛地扑杀过来，一时间占了上风。在这千钧一发的时刻，唐军大将猛地脱掉战袍，光着膀子，高举战刀，带头杀入敌阵，士兵们紧跟在他身后，奋勇杀敌。突然，远处烟尘滚滚，一彪人马如从天降。众人定睛一看，原来是郭子仪率领大军赶来了。唐军两股人马合在一起，杀得叛军丢盔弃甲，仓皇跑回长安城里去了。郭子仪率军包围了长安城。长安城里的叛军如惊弓之鸟，刚与唐军交锋就又败下阵去，为了保命，他们纷纷逃出了长安。

引蛇出洞

收复了长安，郭子仪又调转马头，昼夜赶路，直奔东京洛阳。叛军马不停蹄地赶到洛阳，又听到郭子仪已经追杀过来的消息，就慌忙派大将严庄带兵迎战。严庄带领叛军先到了军事重地新店，立刻依山扎营，居高临下，专等郭子仪前来攻打。

这一天，天近黄昏的时候，郭子仪率唐军也到了新店。他一面让将士安营扎寨，一面带领少数随从登上一处高山，仔细观察叛军的阵势，想好了对付严庄的计策。第二天，天刚亮，唐军就擂鼓出击，叛军也杀气腾腾地从山上猛扑下来。刚一交战，唐军就退了回来。再交战，唐军又退了。这样连战几次，唐军都败了。严庄见了很高兴，他想，一定是唐军在路上跑累了，我何不命令全军出动，打个大胜仗啊？

于是，严庄把帅旗一挥，叛军全体出动，唐军果然丢下营帐逃走了。严庄下令全军紧紧追赶。一直追到了吃午饭的时候，叛军个个精疲力尽，又渴又饿。猛然间，四处响起了如雷般的杀声。早已埋伏在路边的唐军主力排山倒海般地冲杀过来。严庄中了郭子仪"引蛇出洞"的计策。唐军开始反攻，把叛军打得晕头转向。严庄拼死杀出重围，逃回洛阳。

智退吐蕃军

正当唐朝忙着镇压"安史之乱"的时候，西边的吐蕃又乘机打了过来，占领了十几个州的土地，还派大军杀奔长安。

吐蕃军有十万人，而长安城的人马还不到一万，皇帝又跑了，所以人心惶惶。郭子仪当机立断，决定主动撤离长安，带领军队在长安附近地区频繁转移，迷惑敌军，采取声东击西的办法，打击敌人。

吐蕃军将领弄不清唐军的动向，忽然发现蓝田城东出现唐军主力，就马上抽调兵力，杀气腾腾地扑来。谁知人马冲入营寨以后，发现这是一座空营，知道上了当，正在发慌之际，忽然杀声四起，郭子仪率兵从城西杀了过来，把吐蕃军团团围住。吐蕃兵马慌乱之中，你推我挤，溃不成军，只得逃回长安城去了。

吐蕃军将领听逃回的兵将报告以后，吃惊不小，以为长安城真的被唐军围住了。他怕后路被截断，就不敢再战，立刻下令：全军迅速撤出长安城，返回吐蕃去。就这样，郭子仪巧设疑兵计，以少胜多，智退吐蕃十万大军。唐军顺利地收复了长安城。

严于治家

郭子仪为唐朝建立了盖世奇功，受到朝廷和百姓的敬重，连皇帝都不直呼他的名字。唐代宗死后，唐德宗即位，尊郭子仪为"尚父"，但是郭子仪从不居功自傲，他谦虚谨慎，对部下和家人管束得很严。

郭子仪的妻子有个奶妈。有一次，奶妈的儿子触犯了军法，被军法官依法处死了。奶妈找到郭子仪的几个儿子说：

"我的儿子让人杀了，你们郭家脸面也不好看。你们得替我作主哇！"

郭子仪的儿子们听了，就来见父亲，生气地说："军法官太欺负人了，杀了我家仆人的儿子。""爹爹一生打仗，为朝廷立有汗马功劳，理应与众不同嘛！"

郭子仪一听勃然大怒："都快给我闭上嘴！你们只知道袒护自己家里的人，却不尊重将士，不守军法，不维护军纪，实在是不懂道理啊！"

儿子们受了父亲的指责，都羞愧地低下了头，谁都不敢再吭一声，悄悄地退出了书房。

54. 忧国忧民的廉吏——范仲淹

范仲淹（989—1052），是我国宋朝时期一位著名的政治家、文学家、军事家。

苦读成才

范仲淹于公元989年出生于徐州，其祖居河南，后迁居苏州吴县。他两岁丧父，无依无靠，生活十分艰难。经人介绍，母亲谢氏带着四岁的范仲淹改嫁给在尹江府任推官的朱文翰。从此，范仲淹在继父朱文翰的指导下刻苦读书。

为了更好地读书，他投奔长山的醴泉寺一位很有学问的高僧门下。醴泉寺地处深山之中，生活非常清苦，他过着"划粥断齑"的生活——每天晚上煮少许米粥，盛到碗里，冷却后划为四块，早晚各吃两块。没有菜，便到山上挖些野韭菜，拌些盐当菜吃。在醴泉寺南边山里，有一片安静的山林，林中有一个可容十几个人的山洞，范仲淹经常一个人在此处读书，常常是读入了迷，忘记了吃饭。在醴泉寺僧人的照顾下，他如饥似渴地学习，学业大进。

二十六岁时范仲淹一举考中了进士，出任安徽广德司理参军，从此开始了治理国家、辅佐朝廷的政治生涯。

赴任前，他的母亲谢氏再三嘱咐，为官要公正廉明，不能冤枉一个好人。在广德管理狱讼三年，他始终保持自己清廉自守的作风。在调离广德时，他两袖清风，甚至连盘缠都没有，只好将自己的一匹马卖掉，徒步上任。

三年后，范仲淹在兴化任县令。泰州、楚州、通州、海州等地区海水倒灌，田产淹没，盐灶毁坏，灾民流离失所。范仲淹带领四万多人，修堰堤，抵御海水入侵，经过两年的努力，终于修成了一条长一百五十公里的捍海堤，阻止了海水的泛滥，使许多外逃居民返回家园，不仅解除了农民之苦，而且为国家取得了田赋、盐课几十万。当地百姓命名捍海堤为"范公堤"，以纪念范仲淹修堤的功绩。

范仲淹在治理水患的同时，积极筹办苏州学府。他认为要造就人才，非大力发展教育不行。经过多次踏看，他在原吴越广陵王钱之臻在苏州的旧址，筑建明伦学堂，面积有五百平方米。学堂建成后，又积极聘请知识丰富、道德高尚的教师任教。在他的大力倡导下，苏州学府学风大盛，多人成才，著名的理学家程颐、程颢都是苏州学府的学子。

延州治军

康定元年（1040）正月，西夏发兵先后攻占了陕西的保安县，围攻延州城。在此国难当头之日，范仲淹被任命为两军的统帅。

范仲淹到延州后，深入实地，了解情况。当时的延州边寨破坏严重，士兵军心涣散，供应紧缺。针对当时情况，范仲淹采取重大措施把延州兵的身家性命和边城的守御连在一起了，既发展了经济，又使官兵安心守边。特别是范仲淹本人，尽管他多次被贬，又已是五十多岁的老人，却整日地跋山涉水，深入边寨，与军民一起奋战，大大地鼓舞了士气，振奋了民心。

新政改革

庆历三年（1043），五十五岁的范仲淹在皇帝的两次圣诏督促下赴京，被任命为参知政事。范仲淹从青年时起就抱有救世济民、强兵富国的夙愿，他分析宋建国后的形势，提出了政治改革的措施，史称"庆历新政"。"庆历新政"的推行给宋朝带来了新的社会生活，给黎民百姓带来一股新的希望。可是蛰伏于新政背后的旧势力，并不甘心失败。被罢官的遗老遗少怀恨在心，宦官们从中破坏，动摇了皇帝的改革决心，参与改革的成员一个个被调离京城。庆历五年（1045）正月，范仲淹参知政事的职务被罢免，于是，一场轰轰烈烈的"庆历新政"便凄凉地结束了。

范仲淹先后做官三十七年，大起大落多次，经历了官场上的刀光剑影，体验了人生的情暖冷遇，但他无怨无悔，始终怀着一颗忧君忧民之心，以天下为己任，为官清正，体恤百姓，呕心沥血，死而后已。

55. 刚正无私的包青天

　　北宋大臣包拯，字希仁，祖籍庐州（今安徽省合肥市）。因为他为官廉洁，执法严明，断案能够明察秋毫，所以为人们所称赞，并尊敬地称他为"包公"、"包青天"。

　　包拯平生整治吏治，注重生产，巩固国防，举贤任能，为民请命，颇有政绩，是我国历史上的名臣、杰出的清官代表。包拯做过许多有益于百姓平民的好事，赢得了世人的敬仰。

　　有一次，开封的一条小街上发生火灾，有些无赖竟然戏弄起包拯来。他们追到包拯面前，问包拯："救火是到甜水巷取水，还是到苦水巷取水？"包拯一看是些地痞流氓，现在要来破坏救火工作，下令把他们统统杀了。

　　早在天长县时，包拯就处理过一件偷牛案。有一个无赖，将农家的牛舌割掉了，农民告到官府，包拯对那农民说，你回家把牛宰杀吃了。那农民真的回家把牛杀了。宋代法律规定，擅杀耕牛是犯法的。因此，那个无赖到县里，控告那农民杀牛。包拯大怒，立即审问那无赖："你为什么把人家的牛舌割了。"无赖只得招供，并且暗自吃惊："你包拯怎么会知道是我作案的？"其实，包拯是按照推理作出的判断：既然有人要害别人，那么别人犯法，那人一定要乘机告状，所以包拯叫农人干脆把牛杀了，以引诱割牛舌者来告状。

　　打击权贵与罪犯，是维护平民利益；直接替民作主，减轻农民负担，也是维护平民利益。包拯任监察御史时，曾出现过一件怪事；转运使王逵，向皇帝告状，告的是陈州地方官任中师苛剥农民，多收钱粮。在当时人心目中，任中师廉洁，王逵贪婪，这是否是恶人先告状？所以要派人去调查。许多人都畏惧王逵的权势，不愿前往。包拯为弄清真相，为民除害，毅然来到陈州，经过调查，并且掌握了证据，包拯回到首都，向皇帝报告，向农民任意搜括、引起农民不满与无法生活的正是王逵。包拯要求将王逵撤职，将多收的钱粮还给农民。

开封城里有一条惠民河，河的两岸，既有平民住宅，也有达官贵人的住宅。包拯任开封府尹始，天下大雨，河水泛滥，淹没街道，使许多平民无家可归，是什么原因造成了泛滥成灾呢？包拯经过调查，了解到河道不通，不能排水的原因，在于大官僚和贵族们在河上筑起了堤坝，将坝内的水面据为己有，种花养鱼，并且同自己的住宅连在了一块，成了水上花园。因此，要为民造福，疏通惠民河，只有将这些堤坝挖掉。挖掉堤坝，冲走水上花园，贵族们能答应吗？包拯画了地图，拿了有关证据，下令将所有堤坝与花园拆毁。有人自恃权大位显，告到宋仁宗那里。包拯拿出证据，证明他们非法建造水上花园，给老百姓带来灾难。宋仁宗也只好睁一只眼，闭一只眼，不能为皇亲贵戚们说话了。

56. 岳飞精忠报国

　　岳飞是我国古代杰出的民族英雄、军事家、抗金名将。他出生于北宋相州汤阴的一户佃农家里，青年时代，正遇上金女真贵族对宋发动大规模侵略战争。他亲眼看到北宋灭亡前后的惨痛史实，和当时中原沦陷区的人民息息相通，有坚决抗击女真族压迫、收复故土、统一祖国的强烈愿望和要求。

　　从 12 世纪 20 年代起，黄河南北、两淮之间，掀起了轰轰烈烈的抗金民族战争。岳飞和抗金名将宗泽、韩世忠等一道，站在抗金斗争的最前线。可是，腐败的北宋统治集团，采取妥协、投降的政策，南宋小朝廷的皇帝赵构，是个投降派。他偏安于江南一地，沉醉于歌舞玩乐之中，没有真正组织抗金战争并把它进行到底的决心和打算，相信并重用秦桧等投降派。

　　岳飞同秦桧进行坚决斗争，主张抗战到底，听说宋金和议达成，立即写信给皇帝表示反对，大胆抨击了秦桧用心不良，从而使秦桧怀恨在心。但岳飞一点也不考虑个人安危，他继续率领军队，联合北方义军，勇敢地投入抗金战争。

　　公元 1139 年夏，金兀术撕毁绍兴议和协议，倾巢而出，再度发动大规模的对宋战争。在东西两线军队大胜金兵的形势下，岳飞挥师从长江中游挺进，实施锐不可当的反击，准备收复中原。岳家军进入中原后，受到中原人民、忠义民兵的热烈欢迎。岳飞亲率一支轻骑驻守河南郾城，和金兀术一

152

万五千精锐骑兵发生激战。岳飞亲自率领将士，向敌阵突击，大破金国的侍卫亲兵和骑兵，把金兀术打得大败。接着岳飞又乘胜向朱仙镇进军，金兀术集合了十万大军抵挡，又被岳飞打得落花流水。岳飞这次北伐中原，一口气收复了颍昌、蔡州、陈州、郑州、郾城、朱仙镇，消灭了金军有生力量，金军军心动摇，金兀术准备连夜从开封撤逃。南宋抗金斗争有了根本的转机，再向前跨出一步，沦陷十多年的中原，就可望收复了。岳飞兴奋地对大将们说："一直打到黄龙府，我和你们痛快地喝酒！"

就在这抗金战争取得辉煌胜利的时刻，甘心充当儿皇帝的高宗赵构，因担心一旦中原收复，金人放回他的哥哥钦宗，他就保不住皇位，而急切地希望与金人议和。金人安插在南宋朝廷里窃取了宰相高位的内奸秦桧，也抓住高宗这个难言的心病大肆活动，破坏岳飞的抗战。他们狼狈为奸，密谋制订了全线撤军、葬送抗金大好形势的罪恶计划。他们首先命令东西两线收兵，造成岳家军孤军作战的不利态势后；又连下十二道金牌，急忙命令岳飞撤离中原。岳飞愤慨地说："十年的功劳，全都毁在这一天！"金兀术听到这个消息，不费吹灰之力，又把中原土地夺了回去。

岳飞一回到临安，立即遭秦桧诬告，说他谋反，岳飞被关进了临安大理寺，受到严刑拷打。公元1142年岳飞被秦桧以莫须有的罪名毒死于临安风波亭，年仅三十九岁。岳飞部将张宪、儿子岳云也被杀害。岳飞父子及张宪死于奸臣昏君之手，激起了抗金军队和老百姓的极大愤怒。

岳飞虽然被杀害了，但他精忠报国的功绩是不可磨灭

的。岳飞死后二十年，即公元1162年宋孝宗继位，下令给岳飞平反昭雪，追复原官，并以五百贯的高价购求岳飞遗体，以礼改葬。公元1876年，人们在岳飞初葬地修建"忠显庙"，又叫"老岳庙"。

57. 捍卫统一的陆放翁

陆游（1125—1210），字务观，号放翁，越州山阴人，南宋爱国诗人。陆游的父亲陆宰是个具有爱国思想的知识分子，陆游从小就树立了忧国忧民的思想和杀敌报国的壮志。他自幼好学不倦，学习剑术，钻研兵书。

陆游二十九岁那年，因为参加科举考试，得罪了秦桧。打那以后，秦桧对陆游怀恨在心，不让他参加朝廷工作。直到秦桧死后，他才到临安担任枢密院的编修官。

陆游热情支持北伐。可是宋军北伐失败，宋孝宗在金兵的威胁下，抗金决心也就动摇起来。第二年又跟金朝订立了屈辱的和约，打那以后，再也不敢提北伐的事。

负责川陕一带军事的将领王炎仰慕陆游的名声，把他请到汉中去，做他的幕僚。汉中接近抗金的前线，陆游认为到那里去，也许有机会参加抗金战斗，为收复失地出一份力量，很高兴地接受了这个任命。到了那里，他曾经骑马到大散关边，观察金人占领的地区。

南宋王朝始终没有决心收复失地。陆游长期过着闲居的生活，他把满腔爱国热情寄托在他的诗歌创作上。

陆游一生渴望的收复失地、统一祖国的强烈愿望，始终没有实现。他只有用他的诗歌来表达他对祖国的热爱和对民族的忧虑。他一生辛勤创作，一共留下了九千多首诗。在我国历代诗人中，他的作品是最丰富的。

陆游临终的时候，还念念不忘恢复中原。他把儿孙们叫到床边，念了他最后一首感人肺腑的《示儿》："死去元知万事空，但悲不见九州同。王师北定中原日，家祭无忘告乃翁。"

58. 英雄词人——辛弃疾

我国南宋时期有一位非常著名的大词人，名叫辛弃疾，号稼轩。他不但词文写得好，而且还是一位英勇善战的抗金英雄！

当时，南宋北面的金国经常派兵攻打宋朝，并且占据了宋朝北方的大片土地。金国士兵在这片沃土上杀人放火，干尽了坏事，北方的大宋百姓生活在水深火热之中，但是勤劳勇敢的人民是不甘受奴役的。山东一位叫耿京的好汉率领一支由群众自发组成的起义军，狠狠打击了金国侵略者。

山东历城的辛弃疾，从小就文采过人，而且很喜欢舞枪弄棍，习学武艺，是个文武兼备的好后生。目睹着金国强盗的残暴行径，他早已义愤填膺，就在二十一岁那年，他拉上几个要好的伙伴毅然参加了耿京的起义军队伍。由于他英勇善战、足智多谋，很快成为耿京的得力助手，并被派往南方去联络更广泛的抗金力量。

一次，部下义僧偷了耿京的大印跑了，耿京要杀了辛弃疾，辛弃疾说："给我三日时间，一定把义僧追回来。"第二日就带着义僧的头颅回来。这时，耿京开始器重他，后来采纳他的建议，和南宋政府取得联系，投靠了南宋，辛弃疾奉命南下。

谁知就在辛弃疾南下不久，起义军内部出了一个叫张安国的叛徒，贪图金兵悬赏的重金，竟昧着良心暗害了耿京，然后躲入敌人的营帐。

失去首领的起义军队伍顿时乱成一团，有人高喊要攻打金营，杀了叛徒报仇；有人主张坐等朝廷派兵支援；还有人干脆要求散伙算了。就在大家乱哄哄吵得不可开交的时候，辛弃疾风尘仆仆地从南方赶了回来。

面对耿京的灵位，辛弃疾悲痛欲绝，咬紧牙关发誓要杀了张安国这个可耻的叛徒，为耿大哥报仇雪恨！

当天晚上，趁着漆黑的夜色，辛弃疾率领五十位精心挑选的勇士，骑着快马，挎上刀剑，悄悄摸到金兵的大营附近，小心藏好马匹，然后矫健地翻过壕沟、营墙，直扑叛徒张安国居住的帐篷……

两刀结果了哨兵，辛弃疾一挑帐幕，率先冲进灯火辉煌的帐中，只见叛徒张安国正陪着两个将领饮酒作乐呢！一见起义军战士冲进来，两个将领凶狠地狂嚎一声，举起椅子就扑上来，结果没几下就被剁翻在地。众人扭头再看，叛徒张安国却溜得无影无踪。

辛弃疾稍一打量帐中摆设，冷笑一声，一个箭步冲到桌子前，把桌布向上一掀，张安国正缩在下面瑟瑟发抖呢！两个勇士快步上前，不由分说就把叛徒捆了个结实。辛弃疾一把拎起来，宝剑一挥就往营外冲……

勇士们奋勇厮杀着，边战边退来到了藏马的地方。他们纷纷扳鞍上马，只见辛弃疾不慌不忙将叛徒牢牢捆在马鞍上，然后翻身上马，摘下弓箭，向追兵大声喝道："你们这些金贼！谁敢再追一步，我就取他狗命！告诉你们，宋朝十万大军就要开到，想活命的就快逃吧！"说完搭弓放箭，为首的小头目惨叫一声跌落马下……等其他追兵从惊恐中回过神来，辛弃疾和五十位勇士早已押着叛徒回去了。

当时，当权派不思进取，安于现状。尽管辛弃疾曾屡次上书北伐，但均未被采纳，他本人也并未得到朝廷的真正重用，虽历任湖北、江西、湖南、福建、浙东安抚使等职，但调动频繁，最后因受奸人诽谤而被罢职。

辛弃疾以词作著称于世，其词作被称为"英雄之词"、"词中之龙"。纵观其一生，他以抗金报国为己任，当理想不能实现时，就将满腔悲愤全寄予词。他写的词悲壮雄放，抒发了爱国精神。

辛弃疾又是一位有主张、有抱负的战略家，曾先后写下了著名的《美芹十论》及《九议》等奏章，向朝廷全面陈述自己抗敌救国的大策。

辛弃疾，不仅是爱国词人，更是一个斗士，一位英雄！

59. 丹心永存的民族英雄——文天祥

公元 1251 年，元军大举攻宋，南宋面临着严重威胁。面对严峻时局，少年文天祥深为忧虑。有一天，他怀着沉重的心情来到吉州学宫，看到欧阳修、杨邦乂、胡铨这几位本朝的名臣、志士的遗像，不禁肃然起敬。他暗下决心，要以他们为榜样，做一番事业，报效国家。

公元 1275 年，因元军大举进攻，宋军的长江防线全线崩溃，朝廷下诏让各地组织兵马。文天祥立即捐献家资充当军费，招募当地豪杰，组建了一支万余人的义军，开赴临安。朝廷委任文天祥为知平江府，命令他发兵援救常州，旋即又命令他驰援独松关。由于元军攻势猛烈，江西义军虽英勇作战，但最终也未能挡住元军兵锋。

第二年，元军兵临临安，文武官员都纷纷出逃。谢太后任命文天祥为右丞相兼枢密使，派他出城与伯颜谈判，企图与元军讲和。文天祥到了元军大营，却被伯颜扣留。谢太后见大势已去，只好献城纳土，向元军投降。元军占领了临安，但两淮、江南、闽广等地还未被元军完全控制和占领。

于是，伯颜企图诱降文天祥，文天祥宁死不屈，伯颜只好将他押解北方。走至镇江，文天祥冒险出逃，经过许多艰难险阻，到达福州，被宋端宗任命为右丞相。不久，文天祥又先后转移到汀州、漳州龙岩、梅州等地，联络各地的抗元义军，坚持斗争。公元 1277 年夏天，文天祥率军由梅州出兵，进攻江西，在江西于都获得大胜后，又以重兵进攻赣州，以偏师进攻吉州，陆续收复了许多州县。元江西宣慰使李恒在兴国县发动反攻，文天祥兵败，在率部向海丰撤退的途中遭到元将张弘范的攻击，兵败被俘。

文天祥服毒自杀未遂，张弘范让他写信招降张世杰。文天祥说："我不能保护父母，难道还能教别人背叛父母吗？"张弘范不听，一再逼迫文天祥写信。文天祥于是将自己所写的《过零丁洋》一诗抄录给张弘范。张弘范读到"人生自古谁无死，留取丹心照汗青"两句时，不禁也深受感动，不再强逼文天祥了。

南宋灭亡后，张弘范向元世祖请示如何处理文天祥，元世祖命令张弘范对文天祥以礼相待，将文天祥送到大都，软禁在会同馆，决心劝降文天祥。

元世祖首先派投降元朝的原南宋左丞相留梦炎对文天祥现身说法，进行劝降。文天祥一见留梦炎便怒不可遏，留梦炎只好悻悻而去。元世祖大怒，于是下令将文天祥关进牢房。

元朝丞相孛罗亲自开堂审问文天祥。文天祥被押到枢密院大堂，昂然而立，只是对孛罗行了一个拱手礼。孛罗喝令左右强制文天祥下跪，文天祥竭力挣扎，坐在地上，始终不肯屈服。孛罗问文天祥："你现在还有什么话可说？"文天祥回答："我为宋尽忠，只希望早死！"孛罗大发雷霆："你要死？我偏不让你死。我要关押你！"文天祥毫不畏惧："我愿为正义而死，关押我也不怕！"

从此，文天祥在监狱中度过了三年。在狱中，他曾收到女儿柳娘的来信，得知妻子和两个女儿都在宫中为奴，过着囚徒般的生活。文天祥深知女儿的来信是元廷的暗示：只要投降，家人即可团聚。然而，文天祥尽管心如刀割，却不愿因妻子和女儿而丧失气节。

狱中的生活很苦，可是文天祥强忍痛苦，写出了不少诗篇。《指南后录》第三卷、《正气歌》等气壮山河的不朽名作都是在狱中写出的。

公元1282年，元世祖亲自劝说文天祥投降，但遭到文天祥的拒绝。元世祖十分气恼，于是下令立即处死文天祥。

文天祥被押解到刑场时，监斩官问："丞相还有什么话要说？回奏还能免死。"文天祥喝道："死就死，还有什么可说的？"他于是引颈就刑，从容就义，死时年仅四十七岁。

60. 元代杰出的政治家——耶律楚材

耶律楚材（1190—1243）是元代著名的政治家。

耶律楚材自幼在他的母亲杨夫人的教育下，学习非常用功，时间抓得很紧，每天晚上都读书到深夜，决不为了贪玩而浪费时间。耶律氏族虽然出身契丹贵族，但很早就接受汉化，对传统的汉族封建文化造诣颇深。耶律楚材自幼学习汉籍，精通汉文，能用汉文写作，政治上积极主张采用汉法，反对力图保持契丹旧制，汉文诗词写得很漂亮，他博览群书，旁通天文、地理、律历、术数及释老、医卜之说，而且文思敏捷，下笔为文，奋笔直书，很少改动。

蒙古军队攻下了金朝中都燕京以后，身为金朝官员的耶律楚材就被召到成吉思汗的身边。成吉思汗非常赏识他的才干，曾经说过："此人是上天赐给我们蒙古族的，今后无论是谁当国君，都要好好重用他。"

公元1229年，成吉思汗的三儿子窝阔台继承皇位。窝阔台即位后，就任命耶律楚材为主管汉人文书的中书令。无论事情大小，窝阔台都先要请教一下耶律楚材。耶律楚材充分地发挥了自己的才干，提出并实施了许多有利于社会稳定、经济发展的政策。

蒙古族世代过着游牧生活，初入中原时，他们对农业生产很不重视。有一次窝阔台手下的大臣别迭主张说："那些汉人有什么用？不如把他们全赶走，然后再把那里开辟为牧场，放牛放羊吧！"

耶律楚材在旁听了，坚决不同意。他站出来反驳道："现在天下如此之广大，四海如此之富有，我们只要向汉人征收各种地税、商税，再加上买卖酒醋、盐铁的利息，每年就可得到银子五十万两，绢八万匹，粟四十多万石。这是一个不小的数目呀！"

经窝阔台同意，在耶律楚材主持下，河北地区实行了赋税制度，税收机构也陆续建立起来。它使蒙古统治者意识到，与抢夺财产相比，征收赋税的收入更稳定、更有保障。后来在两次全国人口调查的基础上，耶律楚材又重新调整了税制。他还劝阻窝阔台不要选未婚女子入宫，不要在中原地区搜刮马匹。这些政策和建议，使饱受战乱之苦的百姓有了喘息的机会，一度荒芜的田野又种上了庄稼。这都为社会的稳定奠定了坚实的基础。

在进行经济改革的同时，耶律楚材又协助窝阔台对各项政治制度进行改革，使统治机构进一步得到完善。

早在窝阔台即位前，耶律楚材就为他制定了即位的跪拜仪式，并劝说皇帝的哥哥察合台说："你虽然是哥哥，但是在国家政权中你仅仅是大臣而已。按照礼仪的规定，你应当向你弟弟跪拜。你如果带头跪拜了，那么其他的人就不敢不拜了！"察合台听了，觉得也有道理，便率领皇族及全体官僚向窝阔台行跪拜礼。这对于散漫惯了的蒙古族来讲，不能不说是一个飞跃。

耶律楚材充分认识到培养汉族官员的重要性。他提出："要巩固统治，必须重用有学问的人"。他主张通过科举考试选拔人才，无论是何种民族，只要有才干，就应任用。这样一来，增加了民族间的交流，促进了民族融合。

耶律楚材既是政治家，又是著名诗人。他随成吉思汗远征西域时，曾将途中所见所闻所感，用诗歌的形式记录下来，都收录在《西游录》一书中。后人还将他的其他诗文编成《湛然居士集》。耶律楚材的音乐才能也很突出，擅长弹奏古琴。他喜欢弹古琴名曲，并且能弹出与别人不同的意境。

61. 郑和七次下西洋

郑和，原来姓马，小名叫三保，出生在云南一个回族家庭里。公元 1405 年，明成祖正式派郑和为使者，带一支船队出使"西洋"。那时候，人们叫的"西洋"，并不是指欧洲大陆，而是指我国南海以西的海域和沿海各地。郑和带的船队，一共有二万七千八百多人，除了兵士和水手外，还有技术人员、翻译、医生等。他们乘坐六十二艘大船，这种船长四十四丈，宽十八丈，在当时是少见的。船队从苏州刘家河（今江苏太仓浏河）出发，经过福建沿海，浩浩荡荡，扬帆南下。

郑和这一次出使，一直到第三年九月才回国。西洋各国国王趁郑和回国，也都派了使者带着礼物跟着他一起回访。派使者出使海外，既能提高国家的威望，又能促进和西洋各国的贸易往来，好处很多。所以打那以后，郑和一次又一次带领船队下西洋。从公元 1405 年到 1433 年的将近三十年里，郑和出海七次，前前后后一共到过印度洋沿海三十多个国家，最远到达非洲的木骨都束国（在今索马里的摩加迪沙一带）。

郑和的船队是当时世界上最先进的，他们已经能够利用科学的航海技术昼夜航行。《郑和航海图》对于航海的方向、港口等都作了可靠的记录，是世界航海史上的创举。郑和是最早开辟中西交通航道的航海家，这比葡萄牙人达·伽马绕好望角和意大利人哥伦布发现美洲大陆早半个世纪，比葡萄牙人麦哲伦环球航行早八十多年。

郑和下西洋是一种国家行为，郑和船队是一支强大的战略力量。郑和下西洋的使命和功绩主要有四个方面：

一是推行和平外交，稳定东南亚国际秩序。郑和率领船队下西洋通过各种手段，调解和缓和各国之间矛盾，维护海上交通安全，从而把中国的稳定与发展同周边联系起来，试图建立一个长期稳定的国际环境，提高明王朝的国际威望。

二是震慑倭寇，牵制蒙元势力，维护国家安全。当时，威胁明朝安全的外患主要来自两个方向：东部海上的倭寇，北方的蒙元残余势力和西北的帖木儿帝国。明成祖改变了被动防御战略，主动出击，陆上方向实施迁都、亲征漠北；海上方向组建了郑和舟师，震慑和打击倭寇和反明势力，并从海上实施战略包抄，对西北方向进行战略上的牵制，从而减轻明朝北部的压力。

三是发展海外贸易，传播中华文明。在郑和船队下西洋过程中展开许多贸易活动，主要有三种形式：第一种是朝贡贸易。当时各国都积极到中国来朝贡，一方面得到明朝的庇护，一方面得到的丰厚赏赐。第二种是官方贸易。这是郑和下西洋的重要内容，它是在双方官方主持下与当地商人进行交易，是明朝扩大海外贸易的重要途径。第三种是民间贸易。这种贸易一定程度上是在郑和下西洋贸易活动的带动下出现的。它不是通过官方，而是由商人或民间自发性展开的。郑和下西洋消灭海盗，维护了海上安全，开辟了航线，促进和刺激了民间贸易。

四是开拓海洋事业，铺平亚非航路。首先，开辟了亚非的洲际航线，为西方人的大航海铺平了亚非航路。其次，对西太平洋和印度洋进行了一些海洋考察，搜集和掌握了许多海洋科学数据。第三，对航海区域进行了战略布局。郑和下西洋根据其使命和掌握的海洋知识，在辽阔的海外选择了占城、满剌加、旧港、古里、忽鲁谟斯等地作为海洋发展的重点区域，有利于扩大海外交通和贸易范围。

郑和晚年退居南京狮子山下的静海寺，在宣德十年（1435）前后去世，大约活了六十五岁。郑和"往夷域，鲸舟吼浪；汪沧漠，远涉洪涛"的辉煌业绩，不仅是回族人民的骄傲，也是整个中华民族的骄傲，更是人类航海史上的壮举。

62. 千古忠烈——于谦

于谦（1398—1457），字延益，号节庵，浙江钱塘人，明朝名将。

于谦少年时十分仰慕文天祥，十六岁入府学为诸生，二十三岁时考中进士，不久，以江西道监察御史，至湖广执行公务。他深入瑶民居住区进行调查，揭发官军滥杀无辜，初步显示了他那廉正的风骨。

于谦不同于一般高高在上的官僚，他看到民生疾苦，总是千方百计地为民解除痛苦。他创行平粜条例、义仓、平准仓、惠民药局，无偿贷给贫民大量粮食，加筑黄河堤岸，允许百姓到巡抚衙门申冤，并以其精干才能迅速解决问题。

公元1449年，瓦剌军席卷南下，土木堡一战，明朝五十万大军全军覆没，明英宗做了阶下囚。为了安定人心，皇太后宣布由郕王朱祁钰为监国，将于谦擢为兵部尚书。当时朝廷中一部分人毫无战心，欲迁都南下。

于谦向皇太后和郕王说："谁主张逃跑的，应该砍头。京城是国家的根本，如果朝廷一撤出，大势就完了。"于谦的主张得到许多大臣的支持，太后决定让于谦负责京师防御。他一面加紧调兵遣将，加强京城和附近关口的防御兵力；一面整顿内部，逮捕了一批瓦剌军的奸细。

京城里没有皇帝不好办。于谦等大臣请太后正式宣布让朱祁钰做皇帝，这就是明代宗。瓦剌部首领也先知道明朝决心抵抗，就以送明英宗回朝为借口，大举进犯北京。

瓦剌军很快打到北京城下，在西直门外扎下营寨。于谦分派将领带兵出城，在京城九门外摆开阵势。他亲自率领一支人马驻守在德胜门外，叫城里的守将把城门全部关闭起来，表示有进无退的决心。将士们被于谦勇敢坚定的精神感动了，士气振奋，斗志昂扬，下决心跟瓦剌军拼死战斗，保卫京城。

　　瓦剌军声势浩大，也先后发动几次进攻，都遭到明军奋勇阻击。经过五天的激战，瓦剌军死伤惨重。也先怕退路被明军截断，不敢再战，就带着残兵败将撤退。

　　也先失败后，便来讲和，把明英宗放回北京。公元1457年，明代宗生了一场大病，一些大臣趁机迎明英宗朱祁镇复位，历史上把这件事称作"夺门之变"。没多久，明代宗去世。

　　明英宗复位后，对于谦帮他弟弟即位称帝，心里本来有气，再加上徐有贞、石亨一伙在他面前说了不少诬陷的话，竟给于谦加上个"谋反"的罪名，将于谦杀害。在抄查于谦家产时，未发现他家中有什么值钱之物，只有正室门被紧锁。打开看时，里面除去景帝所赐的蟒衣、剑器外，别无他物。

　　到明宪宗时才亲自为于谦昭雪，将崇文门内西裱褙胡同的于谦故宅，改为"忠节祠"，以祭奠英魂。

63. 刚正爱民的清官——海瑞

海瑞（1514—1587），广东琼山人，即现在的海南岛，字汝贤，号刚峰。他取此号的意思是一切以刚为主，要终生刚直不阿。因此人们尊称他为"刚峰先生"。

海瑞是明朝嘉靖时期的清官，由于敢于直言进谏，惩恶扬善，一心为民谋利，被人民敬称为"海青天"、"南包公"，其英名流传至今。

海瑞虽然出生于官僚家庭，但童年时期的家境并不好，在他四岁时父亲不幸病逝，他和母亲相依为命，生活异常清苦。母亲很坚强，勤俭持家，教子有方，使海瑞很早就有了报国爱民的思想。

朝廷派海瑞做淳安知县。他上任时，一不坐轿，二不乘船，只穿了一件普普通通的秀才衣，骑着一头骡子，带着书童海安，悄悄地进了淳安县界，沿着茶园小溪向前走去。

有个姓冯的大财主，平日仗势欺人，当地百姓背后骂他"冯剥皮"。这天，冯剥皮正和冯县丞在中堂喝酒猜拳，突然听到门外吵闹，就走了出来。只见七八个家人跟一个骑骡子的穷秀才争吵，冯剥皮站在台阶上大声骂道："呸！哪里来的瞎眼乌鸦，竟敢在大爷门前吵闹！"立即叫打手将海瑞从骡背上推下来，把骡子牵走了。

海瑞站在原地动也不动，说："慢来！我一不偷，二不抢，你凭什么绑我？你一不是官，二不是吏，又凭什么掌我的嘴？"冯剥皮笑道："好哇，你以为我无法治你吗？来人，快请县丞兄出来!"这时,冯县丞正在中堂喝得晕头转向,吃得满嘴挂油,一听有请,连忙理理衣衫,摇摇摆摆地走了出来,打起了官腔:"何人大胆,敢在这里吵闹,打搅本县吃酒?来人啦,把他拿下!"

海瑞被连人带物拽进中堂,家丁们七手八脚打开包袱,只见里面整整齐齐放着知县的官衣、官帽和官靴。大家都吃了一惊,县丞看了,也吓得倒吸了一口冷气,他想:"这穷秀才哪来的官服?听说最近朝廷要补个知县来,莫非就是他?"他越想越怕,鼻尖上直冒汗。这时,海瑞从怀里掏出吏部文书和印信,亮在冯县丞的面前。冯县丞和冯剥皮一见,"扑通"跪倒在地上,连连磕头:"大人恕罪,大人恕罪!"

后来,海瑞将冯县丞革职,狠狠打了冯剥皮四十大板。茶园一带的老百姓人心大快,都说:"海老爷没上任就给老百姓出了怨气,真是'海青天'哪!"

有一天海瑞正在官府里批阅公文,一个公差忽然气喘吁吁地冲进来。"发生什么事?"海瑞问。"胡……胡公子……胡公子嫌官员招待不周到,把官员绑了倒吊起来啦!"公差上气不接下气地说。"胡宗宪的儿子也未免太过分了!"海瑞说。

胡公子可是总督胡宗宪大人的儿子!该怎么教训教训这位胡作非为的公子哥儿?海瑞稍稍沉吟,心里已有了主意。

"把胡公子给我押来!"海瑞吩咐公差们。"是!"公差们将胡公子押到海瑞面前。"你就是胡公子——胡总督的儿子?"海瑞问。"本公子的父亲正是胡总督!怎么样?"胡公子神态骄横。

"胡总督以前巡视州、县，常叫地方官在招待时不要太过铺张。像你这么一个衣着华丽、爱享受而又骄横无理的公子哥儿，怎会是胡总督的儿子？"海瑞大喝，"搜他的身！"

公差们从胡公子身上搜出好几千两的银票。海瑞想：这些银子肯定都是沿途敲诈地方百姓所得。把脸一沉，喝道："来人！这个刁徒冒充总督公子，重打二十大板！"衙役们一齐将胡公子按倒在地，连打二十大板，打得胡公子呼爹叫娘。

打完了板子，海瑞怒斥胡公子说："你这刁徒！竟敢冒充总督的公子，一路上敲诈这么多银两。想那胡总督一向清廉，教子有方，哪会有你这样的儿子！单凭你给总督脸上抹黑，就该重重治罪！你若老实交代了，我就派人把你交给胡总督，请他亲自处置你这恶棍！""银票充公，将胡公子押给胡总督，说这个人竟敢假冒总督的儿子，请胡总督亲自查办！"海瑞叫公差依计行事。

胡宗宪看到儿子的狼狈样子，问明事情的来龙去脉，心里又惊又怒，却又不敢发作：因为他知道海瑞的官虽小，却是不好惹的。

海瑞不但爱民抚民，还为民除害谋利，他自己却生活得很俭朴清苦，所到之处不许鼓乐迎送，也不住豪华的住宅。地方上为迎接他大摆宴席，他却规定物价高的地方每顿饭不能超过三钱银子，物价低的地方不超过二钱银子。他一生很多时间闲居家中，只靠祖上留下的一点土地过活。他没有置买田产，只在母亲去世后靠别人帮助买了一块坟地，将母亲安葬了。

　　海瑞去世前几天，还退还了兵部多送来的七钱银子。他的妻子、儿子早已去世，丧事由别人料理，他的遗物只有八两银子，一匹粗布和几套旧衣服。靠同僚的帮助，他的灵柩才得以运回故乡。船在江上行驶时，两岸的百姓自发戴孝来哭送他，店铺也停了业，送行的队伍长达百里。如今，在人民心中，海瑞成了正义的象征，各地共有十几种地方戏在传唱着他的故事。

64. 中华医圣——李时珍

李时珍（1518—1593）字东璧，号濒湖，湖北蕲州人，李家世代业医，祖父是"铃医"，父亲是当地名医。

李时珍自小体弱多病，然而性格刚直纯真，对空洞乏味的八股文不屑于学。于是，他放弃了科举做官的打算，专心学医。在父亲精心教导下，李时珍果然成了很有名望的医生。

在行医的十几年中，李时珍阅读了大量古医籍，又经过临床实践发现古代的本草书籍"品数既聚，名称多杂"，决心要重新编纂一部本草书籍。三十一岁那年，他就开始酝酿此事，阅读了大量书籍。他不但读了八百余种册目上万卷医书，而且看过不少历史、地理和文学名著，敦煌的经史巨作，他遍读了；几个古代伟大诗人的全集也都仔细钻研过。他还摘录了大量有关医药学的诗句，这些诗句给了他许多真实有用的医药学知识，帮助他纠正了前人在医药学上的许多谬误。

在编写《本草纲目》的过程中，最使李时珍头痛的就是药名混杂，往往弄不清药物的形状和生长的情况。过去的本草书，虽然作了反复的解释，但是由于有些作者没有深入实际进行调查研究，而是在"纸上猜度"，所以越解释越糊涂。李时珍不得不一次又一次搁下笔来，这些难题该怎样解决呢？在他父亲的启示下，李时珍认识到，"读万卷书"固然需要，但"行万里路"更不可少。于是，他采访四方，深入实际进行调查。

李时珍穿上草鞋，背起药筐，在徒弟庞宪、儿子建元的伴随下，远涉深山旷野，遍访名医宿儒，搜求民间验方，观察和收集药物标本。他先在家乡蕲州一带采访，后来，他多次出外采访，除湖广外，还到过江西、江苏、安徽许多地方。

李时珍每到一地，就虚心向各式各样的人求教，其中有采药的、种田的、捕鱼的、砍柴的、打猎的，了解到各种各样的药物。

在寻访中，李时珍非常注意观察药物的形态和生长情况。蕲蛇，即蕲州产的白花蛇，它有医治风痹、惊搐、癣癞等功用。李时珍早就开始研究它。开始时只从蛇贩子那里观察，内行人提醒他，那是从江南兴国州山里捕来的，不是真的蕲蛇。那么真正蕲蛇的样子又是怎么样的呢？他请教一位捕蛇的人，那人告诉他，蕲蛇牙尖有剧毒，人被咬伤，要立即截肢，否则就中毒死亡。蕲蛇药用价值很高，因而非常贵重。州官逼着群众冒着生命危险去捕捉，以便向皇帝进贡。蕲州那么大，其实只有城北龙峰山上才有真正的蕲蛇。李时珍追根究底，要亲眼观察蕲蛇，于是请捕蛇人带他上了龙峰山上。那里有个猨猊洞，洞周围怪石嶙峋，灌木丛生。缠绕在灌木上的石楠藤，举目皆是。蕲蛇喜欢吃石楠藤的花叶，所以生活在这一带。李时珍不顾危险，到处寻找。在捕蛇人的帮助下，终于亲眼看见了蕲蛇，并看到了捕蛇、制蛇药的全过程。由于有了这段经历，后来他在《本草纲目》中写到蕲蛇时，就得心应手，说得简明准确。

李时珍经过长期艰苦的实地调查，搞清了药物的许多疑难问题，于万历戊寅年（1578年）完成了《本草纲目》编写工作。全书约有一百九十万字，五十二卷，载药一千八百九十二种，新增药物三百七十四种，载方一万多个，附图一千多幅，是我国药物学的空前巨著。《本草纲目》不仅在动植物分类学等许多方面有突出成就，而且对其他有关的学科（生物学、化学、矿物学、地质学、天文学等等）也作出了贡献，达尔文称赞它是"中国古代的百科全书"。

65. 抗倭名将——戚继光

戚继光是明朝著名的爱国将领，他出身将门，受父亲的教育影响，从小喜爱军事，并立志做一个正直的文武双全的军人。他二十岁时便被任命为登州卫指挥佥事，相当于现在的军分区副司令员。

那时候，日本国内发生了较大的政治变动，失去了往日特权的一些日本浪人纠群结伙，乘船涌向了隔海相望的中国沿海，他们烧杀抢劫，无恶不作，被人们称为"倭寇"。

公元1555年，由于戚继光在山东抗倭有方，朝廷把他派往浙江，任定海参将。浙江是倭寇活动的中心地区，戚继光组织了一支由农民、矿工组成的军队。这支四千多人的新军，经过戚继光的严格训练，精通战法，军纪严明，战斗中屡战屡胜，深受人民的爱戴，人民称这支军队为"戚家军"。他还根据中国南方沼泽多，倭寇又惯于用重箭、长枪作战的特点，创造了一种"鸳鸯阵"，这是和敌人进行短距离肉搏的战斗组合。在战斗中，戚继光的军队先以火器、弓箭作掩护，敌人进入百步之内发火器，进入六十步内发弓箭，敌人再进，便用"鸳鸯阵"冲杀。

公元1561年，倭寇几千人袭击浙江台州。戚继光一边派人去调援军，一边把八百多个士兵排在海岸上，严阵以待。

戚继光大声道："以往作战我们是以多胜少，今天却是以少敌众，还有不少兄弟刚刚入伍不久，我只要求大家做好三件事，第一不要争割倭寇的首级；二不要贪恋敌人的辎重；三不要轻易杀害胁从。"

船上的倭寇见海岸上刀枪林立，旌旗招展，大吃一惊。他们不敢从正面登陆，偷偷地绕道从另一处爬了上来。戚继光早有所料，派兵从小路包抄过去，他命令士兵们每人手执松枝一束，伪装成一片松林，在山林边埋伏下来。

倭寇的船泊岸了，他们争先恐后地往岸上爬，戈矛闪闪，你推我拥，长蛇般的队伍逶迤行进，长达数里。隐蔽在坡上的士兵们一动也不动，远远望去，看不见一个人影，只见漫山青松，郁郁葱葱。

独眼龙吉野三郎也来了，这些倭寇都是他领来的。他四下一看，见没什么动静，便吆喝着队伍往前进发。等倭寇的队伍过了一半，山崖后传来一阵海螺号声，隐蔽的士兵们一起丢下松枝，居高临下地发起了进攻：顷刻间，喊杀声、火炮声、刀枪的撞击声震撼山谷，倭寇见中了埋伏，一个个嗷嗷怪叫，纷纷四散逃命。

戚继光见敌军溃散，便将事先做好的白旗往山上一插，叫部下高喊："有投奔旗下者，可免一死！"

随着这一声呼叫，数百名倭寇奔到旗下，丢下武器，请求饶命。吉野三郎离开队伍，跌跌撞撞地往前跑，一头栽进山谷，被乱石砸死。

台州百姓听说戚继光又打了个大胜仗，便敲锣打鼓迎到二十里外，来不及做匾，竟把谁家新娘准备办喜事用的红绸用竹片撑了过来，那斗大的"囍"字在夕阳下闪闪发光。

1562 年，倭寇大举进犯福建，戚继光又率军进入福建剿

中华成语故事

寇。戚继光攻下横屿，又乘胜攻下牛田，捣毁倭寇巢穴。

戚继光返回浙江后，大量倭寇又侵扰福建，再度攻占兴化城。明朝命俞大猷为福建总兵，急调戚继光再次入闽。倭寇获悉戚家军前来，匆匆从兴化撤出，退守平海卫。公元1563年，明朝军队在平海卫与倭寇战斗，戚继光带领军队率先登城，杀敌二千二百人，并救出被掠人口三千人。第二年，倭寇又纠集余党万余人，围攻仙游，戚继光先击败倭寇于城下，继而又追击余寇，歼灭大量倭寇，扫清了福建境内的倭寇。

在戚继光和其他将领的共同努力下，抗倭战斗节节胜利，浙江、福建等沿海地区日趋安定，经济也逐渐繁荣起来。戚继光在抗倭战斗中建立了卓越的历史功绩，赢得了人民的称颂。

戚继光后来以年高体弱辞去官职，潜心研究兵法，著有《纪效新书》《练兵实纪》等。

66. 近代科学先驱——徐光启

徐光启（1562—1633），松江人，他是明末著名的科学家，是第一个把欧洲先进的科学知识，特别是天文学知识介绍到中国的人。

青少年时代的徐光启，聪明好学，活泼开朗。二十岁考中秀才，他白天给学生上课，晚上广泛阅读古代的农书，钻研农业生产技术。由于农业生产同天文历法、水利工程的关系非常密切，而天文历法、水利工程又离不开数学，他又博览古代的天文历法、水利和数学著作。

公元1599年，徐光启听说到中国来传教的耶稣会会长利玛窦精通西洋的自然科学，就到处打听他的下落，想当面向他请教。利玛窦是意大利人，从小勤奋好学，对数学、物理学、天文学、医学都很有造诣。徐光启见到利玛窦，对他表示了仰慕之情，希望向他学习西方的自然科学。

公元1604年徐光启考中进士，担任翰林院庶吉士的官职，在北京住了下来。徐光启常常去拜访利玛窦，彼此慢慢熟悉了，开始建立起深厚的友谊。利玛窦用希腊数学家欧几里得的著作《原本》做教材，对徐光启讲授西方的数学理论。利玛窦每两天讲授一次，徐光启总是准时到达。经过一段时间的学习，徐光启完全弄懂了欧几里得这部著作的内容。

公元1610年徐光启担任翰林院检讨，和当时一般文人官吏热衷于笔墨应酬不同，徐光启用较多的时间进行天文、算法、农学、水利等科学技术研究，从事了不少这方面的翻译和写作，写成了农学方面的巨著《农政全书》。

徐光启对垦荒、练兵、盐政等方面都有研究，但其主要精力则是用于修改历法。他从编译西方天文历法书籍入手，同时制造仪器，精心观测，自公元1631年起，分五次进呈所编译的图书著作，这就是著名的《崇祯历书》，全书共四十六种，一百三十七卷。

67. 民族英雄——郑成功

郑成功，公元 1624 年出生。他的父亲就是汉族移民领袖郑芝龙。郑成功青年时代，正赶上国内清朝推翻明朝统治，台湾被荷兰人侵占，他亲眼目睹了这两件大事，内心充满了对清王朝和荷兰殖民者的仇恨，暗暗下决心要实现反清复明和收复台湾的理想。

公元 1647 年，他带领一批人马到福建、广东交界处的南澳宣布起兵抗清。此后的十几年里，郑成功与清军进行了顽强的斗争，但因为力量太小，难以取胜。在这种情况下，他决心先收复台湾，以宝岛为基地，再作长远打算。

公元 1661 年，郑成功率领二万五千名士兵，乘大小战船数百艘，从福建金门岛出发，途经澎湖，展开了收复台湾的伟大壮举。他在给荷兰总督的招降书中义正辞严地指出：台湾是我们中国的土地，但长期以来被你们国家所霸占，今天我们要把它收回来，你们理所应当把土地归还我们。

由于收复台湾的行动是正义的，所以得到海峡两岸人民的支持。当郑成功率领大军在台湾登陆以后，注重争取和团结高山族同胞。他曾在繁忙的军务之中，抽空访问了几个高山族部落，把烟草、布匹、衣服、鞋帽分赠给高山族部落的首领。

传说有一天，郑成功带领几名将领和一队亲兵访问一个高山族部落，从欢迎的人群中走出四名高山族同胞，他们各自端着一盘金子、银子、野草和泥土，献给郑成功。原来当荷兰殖民者听到郑成功要收复台湾的消息后，就指使他们的传教士钻到高山族部落里，说郑成功的军队到处"杀人放火"，这次到台湾来，也是为了掠夺金银财宝的。所以，这个部落首领听说郑成功要来时，就想出了献金、银、草、土的办法来试探郑成功。

郑成功看了看面前的四个盘子，心里明白了几分。于是，笑呵呵地让翻译告诉高山族同胞说："我郑成功率领大军到台湾来，是为了驱逐红毛夷（荷兰人），收复我们的国土，不是为了要金子、要银子的。"说完，他叫亲兵把两只盛有野草和泥土的盘子收下，把盛有金子、银子的两只盘子退给了部落首领。

没过几天，郑成功不要金银的消息很快传遍了全岛，许多高山族的部落纷纷派出自己的首领拜见郑成功，表示愿意接受他的领导，和收复大军一起，驱逐荷兰侵略者。当郑成功的先头部队在台南市的鹿耳门一登陆，当地成千上万的台湾百姓都高兴地跑出来欢迎他们。

郑成功的部队在台湾西部沿海与荷兰军队展开了许多场激战，最后将荷兰军队的据点热兰遮城包围起来，并在海上连续打跑了荷兰国内派来的援军。荷兰殖民者实在支持不住了，只得投降，撤出了台湾，使被占领了三十八年之久的台湾终于回到祖国的怀抱。

郑成功收复台湾后，将赤嵌城改为承天府，下管二县，北部为天兴县，南部为万年县，称台湾为"东都"。他废除荷兰殖民者的制度，进行各种改革，发展贸易，兴办学校，同时号召大陆人民移居台湾开荒种地，使台湾的经济、文化迅速发展，在台湾开发史上写下了重要的一章。但由于多年来连续征战，郑成功终于积劳成疾，收复台湾五个月后就病逝了，那年他只有三十九岁。

68. 爱国重民的劲吏——林则徐

林则徐（1785—1850），清代爱国政治家、思想家。史学界称他为近代中国"开眼看世界的第一人"。他出身贫寒家庭，为官清廉正直，关心民隐，为民众所称颂。

清朝末年，朝廷腐败，世风日下，帝国主义列强乘机侵略中国，他们发动侵略的一个罪恶的手段便是向中国疯狂输入鸦片。鸦片俗称大烟，是一种毒品，很容易使人上瘾，一旦沾上，什么也不想干了，一天到晚就想着吸鸦片这一件事。当时的中国人，上至高官下至百姓，很多人沾上鸦片。白花花的银子被外国人赚走了，只剩下一群烟鬼，整个中国一片乌烟瘴气。

被百姓称作"林青天"的林则徐再也看不下去了，他连夜写了一封奏折，尖锐地指出：如果不禁烟，"是使数十年后，中原几无可以御敌之兵，且无可以充饷之银"。当时的皇帝命林则徐为钦差大臣，到广州禁烟。

林则徐来到广州以后，细心调查，发现鸦片走私之所以如此猖狂，是因为一些中国人充当了外国烟贩的帮凶，他们帮助外国人贩卖鸦片。林则徐首先对这些败类采取行动，命令他们三天内必须交出替外国人私藏的所有鸦片，同时也让他们通知那些外国烟贩，必须交出所有鸦片。

然而，三天过去了，没有一个外国烟贩来缴烟。林则徐果断下达命令，包围英国商馆，一天不交出鸦片，商馆的门就一天也别想开。平时不可一世的鸦片贩子这下傻了眼，在粮食、水都快要断绝的情况下，只能忍痛交出了大约二百多万斤的鸦片。

销烟行动开始了。林则徐让人挖了两个特别大的池子，底下铺上石板，四周都用木板围住；池子的一头留一个通向大海的洞，另一头可以往里面灌水。准备好后，林则徐在礼台上大声宣布："擂鼓！"顿时鼓声震天。"开始！"只见所有的鸦片被抛进了池子内，然后又向池子中扔进了烧透的石灰，顿时池子内沸腾了，罪恶的鸦片化作废水，流入了大海。

公元 1842 年，林则徐因禁烟得罪英国殖民者利益而被遣戍新疆伊犁。此时，清廷正在筹划扩大伊犁的屯田，欲在阿齐乌苏开垦荒地。这次筹划重垦，林则徐踊跃参加，力担重任，计划开渠引进哈什河水。哈什河是伊犁河的支流，水流丰沛，"贯注永可不穷"，但工程浩大。林则徐认领了一段最艰难的工程，清廷没有经费投入，林则徐就与当地官员绅民共同捐资。他运用自己在内地长期治河的经验，开凿引水道，钉桩抛石，用工十万余，历时四个月，工程告成，共可灌溉田地十余万亩。直到今天，这条宽广的渠道碧波粼粼，仍滋润着西部土地，当地人民称之为"林公渠"。

接着林则徐又承担了勘查南疆荒地的任务。在林则徐勘地兴垦之后，原来荒无人烟的地方，出现了新的绿洲和村落。

林则徐以带"罪"之身，遣戍新疆三年，奔走万里，殚精竭虑，为开发西部作出了杰出贡献。

69. 台湾首任巡抚——刘铭传

刘铭传（1836—1896），出生于安徽肥西县刘老圩一个世代耕织务农的家庭。早年追随李鸿章、曾国藩，成为李鸿章麾下的一员大将。公元1865年升为直隶总督。

公元1883年，中法战争爆发。清政府任命他为督办台湾事务大臣，筹备抗法，不久又被命为福建巡抚、兵部尚书。

公元1884—1885年的中法战争，分为前后两个阶段，第一阶段在越南北部及中越边境进行；第二阶段战火扩大到福建台湾沿海，有陆战和海战两个战场，尤以台湾陆战最为激烈。这是台湾进入半殖民地半封建社会以来规模最大、历时最久、战斗最为激烈的反抗殖民侵略的战争。在此之前，鸦片战争时期英国军舰对于台湾至多是骚扰牵制；日本因琉球船民被杀侵犯台湾，双方也并未正式接触。此次法军侵台，实属决心占据，事态的严重远非前两次可比，可以说，这是近代台湾真正的保卫战。

公元1884年8月4日，法舰直逼基隆，法军远东舰队司令孤拔和副司令利士比派一副官上岸，要求守军"于明日上午八时以前将炮台交出"，守军置之不理。5日，法舰在利比士的指挥下齐向基隆炮台猛烈开火，摧毁了清军数处炮垒及营房，守军死伤十余人后向内地撤退。法军登陆，占领基隆港，将港内各种设施和炮台尽数破坏。6日下午，法军陆战队向基隆市内前进，并攻击附近高地。守军在刘铭传亲自统率下奋勇反击，逐渐缩小包围圈。经过几小时的激战，法军伤亡一百余人，狼狈逃回军舰，法军占领基隆的计划破产了。

法军多次进攻，用了不少气力，而始终处于基隆港周围一隅之地，经常遭到强大守军的反击。为了摆脱困境，法军于公元1885年3月29日向澎湖发起进攻，31日占领澎湖岛。但与此同时，法军在镇南关大败，导致茹费理内阁倒台，中国占有了极其有利的形势。清政府决定"乘胜即收"，4月4日与法国签订停战协定。公元1885年6月9日，《中法合订越南条约》在天津正式签订，中国承认越南为法国的保护国，开放蒙自、龙州两地与法国通商，法军撤出基隆、澎湖，并撤销对于中国海面的封锁。在中国军民的英勇抵抗下，法国侵占台湾的战争以失败而告终。刘铭传领导台湾军民顽强坚持战斗，苦战数月，为中法战争最终胜利作出了极大贡献。

公元1885年，清政府决定台湾正式建省，改福建巡抚为台湾巡抚，任命抗法有功的原福建巡抚刘铭传为第一任台湾巡抚。台湾自建省分治后，全面推行自强新政，加强海防，推动了台湾社会经济的发展。刘铭传是清末洋务运动中具有时代眼光、革新思想和实干精神的杰出代表人物。在他任职巡抚的六年（1885—1890）中，对台湾的防务、行政、财政、生产、交通、教育进行了广泛而大胆的改革，全面推进台湾的近代化进程，使台湾的面貌焕然一新。

70. 平民教育家——武训

　　清朝光绪年间的一天，山东堂邑县的一个大户人家的门口来了一位衣衫褴褛、相貌丑陋的年轻乞丐，他的名字叫武训，是当时中国社会最底层的一个普普通通的乞丐。然而这个平凡的乞丐，却以一番最不平凡的作为，名垂青史而为后人称颂。在中国历史上，以乞丐身份载入正史的，大概只有武训先生了。武训的事迹对中国近代的文化界和教育界影响很大。

　　武训本来没有名字，因为他排行第七，认得他的人，根据民间的习惯，就称他为武七。那时人们的排行方法，叫做"大排行"，叔叔大爷的孩子就是堂兄弟，都在一起排。其实，武训的兄弟并不多，并且他从小就失去了父亲，是母亲带着他，四处讨饭为生。

　　他逐渐懂事之后，对待母亲非常孝敬。只要讨到钱，就一定要买好吃的东西给母亲。母亲去世后，他一面给人家打工，一面讨饭。

　　他最感到遗憾的是自己没有读过书，不识字。因此，他下决心要攒钱办学校，让穷人的孩子能够读上书。他把讨来的钱，一点一滴的积攒下来，够一定数目了，就寄存到一位富人的家里。

　　他讨了三十年的饭，用积攒的钱买下了二百三十多亩地。有这些土地，在当地已经可以算作是一个不小的地主了，但他还是穿着破烂的衣服，白天继续讨饭攒钱，晚上就在自己家里织布。有人见他人老实、能干，就给他提亲，劝他娶个媳妇，他婉言谢绝了。

又积攒了几年，他的钱终于够盖一所小学堂了，他就用了四千多两银子，在自己的家乡柳林庄办起了一所义学。"义学"就是专收穷人家子弟的免费学校。他把自己的全部土地，也都捐给了这所学校。

这所义学分两部分，一部分叫做蒙学，就是打基础的部分；另一部分叫做经学，就是学习四书五经。

开学那天，他先拜先生，后拜学生，然后设宴款待先生。他不上桌吃饭，而是毕恭毕敬地侍立在门外，等先生吃完了，他才吃剩下的饭菜。他说，这是因为他是个叫花子，没有资格同先生平起平坐。

有一次，武七讨饭来到馆陶（在今山东省馆陶县北），遇到一位名叫了证的僧人。这位僧人也想办一所义学，钱却不够，武七就赠给了证几百缗，帮助他建成了学校。后来，武七又拿出一千多两银子，在临清（即今山东省临清县）又建了一所学堂。

这时，清朝官府也表彰了他的勤勉，赠给他一个名字，叫武训。他建起的这两所学堂，也都以他的名字命名。

武训终身未娶，却经常拿出钱来周济穷人，从不宣扬。光绪二十二年（1896），他五十九岁的时候，得了重病，生命垂危。这时，他正住在临清的义学里，他让人把他的病床，抬到教室的外面，当他听到学生们的读书声时，微笑着离开了人世。

71. 海军名将——邓世昌

邓世昌，北洋海军将领，近代中国著名的爱国将领，民族英雄。

公元1849年10月，邓世昌出生于广州番禺县一个茶叶商家庭。鸦片战争后，《南京条约》的签订，使广东成了西方列强侵略中国的前哨阵地。广州是鸦片战争的爆发地，邓世昌从小耳闻目睹外国入侵者的罪恶，萌芽了发奋报国的思想。

19世纪60年代初，邓世昌随经商的父亲来到上海。当时，上海已经成为帝国主义侵略中国最大的桥头堡。在黄埔江畔，看到挂着各种旗帜的外国军舰在中国内江上任意进出，畅通无阻，年仅十几岁的邓世昌慨然兴叹："中外通商日盛，外舰来华日多，中国的弱点都被外人探知，假使中国不用西法建立海军，一旦强邻肇衅，何以御之？"于是他立志努力学习，将来投身海军，保卫祖国的海疆。

公元1866年，清闽浙总督兼福州船政大臣左宗棠在马尾建立福州船政局，创办马尾船政学堂，以培养中国自己的造船技术人员和精通航海的海军军官。年仅十八岁的邓世昌毅然辞别了父母，考入福州马尾船政学堂驾驶班，终于实现了投身海军的愿望。在船政学堂攻读的五年内，他孜孜不倦，精心钻研，风涛、天文、地理、测量、电算、绘图、驾驶等无不精通。

日后邓世昌担任了清朝北洋舰队"致远"号的舰长。邓世昌治军严明，即使在航海途中也终日训练，一天变阵数次，悬旗传令，或防御，或进攻，将士们十分踊跃。他对士兵十分爱护，因气候恶劣，致远舰有一名水手病故，邓世昌按照中国人的习俗，备棺装殓，使死者得到陆葬，瞑目九泉；使生者益于节哀，感到宽慰。舰船行经直布罗陀海峡时，有一批被西班牙掠卖到那里的广东华工求见，恳请搭救他们回国。邓世昌毫不犹豫地把这些"食不饱，寒无衣"的劳工带回祖国，与家人团聚。

公元 1894 年，中日两国海军主力在黄海开战后，邓世昌指挥着致远舰首尾炮齐发，多次击中日舰，致使有的敌舰丧失了战斗力而逃出战列。当邓世昌看到号称"帝国精锐"的日本吉野、高千穗、秋津洲、浪速等四艘舰，正由北洋舰队的右翼向左回旋，逼近定远舰，企图施放鱼雷偷袭时，他立即指挥致远舰开足马力，抢在定远舰之前迎战来敌。陷于强虏包围之中的致远舰多处中弹，水线下受伤，甲板起火，舰身亦发生倾斜。在这万分危急的关头，邓世昌大声激励全舰将士："我们就是死，也要壮出中国海军的威风，报国的时刻到了！"

邓世昌见日舰吉野号横行无忌，早就义愤填膺，就下定决心与它同归于尽，借以保证全军的胜利。他对帮带大副说："敌舰队就仗着'吉野'逞凶狂，如果把它打沉，那么我军即能打赢这场海仗。"说罢，他果断地率领全舰官兵，怀着满腔怒火，驾着"火龙"，在弹雨中向"吉野"猛冲过去。吉野舰上的敌人被中国军队的勇敢行动吓坏了，有的狂喊着乱窜，有的跳水逃命，乱作一团，就在致远舰将要撞毁

中华<!-- vertical text -->美德故事

吉野舰时，不幸的事情发生了，一声巨响，致远号被敌舰鱼雷击中，逐渐沉向海底，二百多名官兵大部分牺牲。邓世昌曾被部下用救生圈救起，也曾被爱犬"太阳"救起，可他见部下都没有生还，毅然退出救生圈，将爱犬按入水中，一起沉入大海，献出了宝贵的生命。

72. 维新志士——谭嗣同

清朝末年，发生过一次不成功的改革运动，即"戊戌变法"。谭嗣同等六君子就是为变法而牺牲的义士。

谭嗣同从小就痛恨外国势力侵略中国，决心为祖国富强而奋斗。他和康有为等人提出变法的主张，却遭到了封建顽固派的激烈反对。谭嗣同看出变法的艰难，对朋友们说："就是杀身灭族，我也不会改变主张。中国只有闹到新旧两党流血遍地，才有希望。不然真是要亡国了。"

谭嗣同在北京结识了康有为的大弟子梁启超，两人谈得十分相投，结为莫逆之交。以后，谭嗣同积极宣传科学，得到湖南巡抚陈宝箴和按察使黄遵宪的赏识，因为这两人也都倾向变法维新。

光绪皇帝召见并破格赐给谭嗣同、杨锐、林旭、刘光第四品卿衔，参与新政。从此谭嗣同便在皇帝左右处理奏折，忙于变法事宜。

公元1898年6月11日光绪皇帝颁布《明定国是诏》实施变法，慈禧太后周围的顽固保守派日夜谋划，企图将维新派置于死地。他们在赶走翁同和，升荣禄为北洋大臣及直隶总督掌握京城军队，预定10月在天津举行阅兵，届时发动政变，废掉光绪，取消新政。

形势急转直下，光绪皇帝得到消息后，惶惶不可终日，接连下两道密诏，要康有为、谭嗣同等人急筹对策。这些书生气的维新派，一时手足无措，惊恐万状，幻想说服袁世凯站到他们这边，保光绪皇帝。因为，袁世凯拥有七八千人的军队，这支军队是颇具战斗力的。于是，谭嗣同便冒着风险去找袁世凯。来到袁世凯住处，未及通报，谭嗣同便径入屋中，二人寒暄几句，就谈到正题。谭嗣同急切地说："听说太后与荣禄密谋，10月天津阅兵，将废光绪，取消新政。"滑头的袁世凯，表面上装着拥护皇帝，拥护变法，实际上并不敢反对慈禧太后为首的顽固派，骨子里与他们是一丘之貉。在光绪和慈禧这两方面，他深知慈禧的力量比光绪的力量大得多，他投靠慈禧，才能实现他更大的野心。

慈禧命人找来光绪皇帝，当即传旨，以皇帝有病不能办事为由，由她"临朝训政"。遂将光绪皇帝囚于中南海瀛台。开始动手收拾维新派人物，变法到此成为泡影。

北京城笼罩着一片恐怖阴影。维新派被捕的被捕，逃亡的逃亡。康有为乘船逃走，梁启超暂避日本使馆，准备去日本。

谭嗣同在自己的住处收拾东西，将自己多年来所写的诗文稿件，来往书信，装了满满一箱子，来到梁启超避居的日本使馆，和梁启超说："我们想救皇上，没能救成。现在，一切都无济于事，只好受死。你快到日本去，我只要你把我这箱东西带去就没其他的牵挂了！"

梁启超给他讲了"留得青山在，不怕没柴烧"的道理，劝他一起到日本去。后来又有些人来劝他逃走，都被他拒绝。他下定死的决心，以期唤醒后来有志图强的人。

公元1898年9月24日，谭嗣同在"莽苍苍斋"被捕。在狱中，他大义凛然，神情自若，视死如归。9月28日，他与其他五位志士就义于北京宣武门外菜市口。

73. 为共和牺牲的第一人——陆皓东

陆皓东名中桂，字献香，号皓东，公元 1868 年出生在广东香山县翠微乡。

陆皓东家乡与孙中山邻近，年龄也仅相差两岁，他俩从小就很要好。1883 年秋，孙中山由檀香山回国，向陆皓东介绍欧美的科学文化知识和资产阶级民主主义思想，使陆皓东的眼界大开。

公元 1890 年，陆皓东回到家乡。此时孙中山常往来于香港、广州，与陈少白、尤烈、杨鹤龄等互抒救国抱负，决心从事革命斗争。陆皓东便留下来参加他们一起活动。1893 年，陆皓东与尤烈、郑士良、程奎光、程璧光等参加孙中山在广州广雅书局南园抗风轩召开的会议，酝酿创立革命组织——兴中会。

公元 1894 年春天，陆皓东随同孙中山经上海往天津向李鸿章上书，要求清政府学习西方，改革政治、经济和教育制度，使国家富强昌盛。经过几番努力，未获李鸿章接见。孙中山和陆皓东接受了这一教训，认识到和平改良的办法不行。这年冬天，孙中山在檀香山创建了中国资产阶级第一个革命组织——兴中会；陆皓东则与尤烈等人在广州、香港一带从事革命联络工作。

公元 1895 年 1 月，孙中山从檀香山回国到香港，陆皓东与杨衢云、陈少白、郑士良等积极协助孙中山筹建兴中会总部。2 月，兴中会总部在香港成立，用"乾亨行"名义作掩护。4月，中日战争结束，清政府与日本签订丧权辱国的《马关条约》，民情愤怒，为革命带来有利的客观形势。兴中会总部立即决定发动武装起义，夺取广州做革命的根据地。

随着起义日期一天天临近，陆皓东也一天天消瘦下来，可他的精力却丝毫不减，浑身就像有使不完的劲儿。起义的那天清晨，发生了叛徒告密的不幸事件，敌人在广州的防卫加强了，还四处搜捕革命党人，形势急剧恶化。

陆皓东听到风声以后，果断发出通知，疏散起义人员。为了战友们的安全，他直到大家走尽才离开指挥部。途中，他突然想起兴中会会员的名册还留在指挥机关，立即返身回去取，身旁的一位战友劝他："现在回去已经来不及了，是要冒生命危险的……"陆皓东打断了他的话，神色严肃地说："会员的名册太重要了，一旦落入敌人手中，按名册捉拿我们的同志，后果将不堪设想，用自己的生命去保全多数的同志，这是我的责任！"

就这样，陆皓东毅然返回了机关，刚关上大门，就被军警团团围住。他毫不慌张，迅速地取出名册，引火点燃。当敌人冲进来的时候，名册已经化为灰烬。他怒视着敌人，嘴角露出一丝胜利的微笑。

陆皓东被捕以后，敌人对他严加审讯，喝令他跪下。他昂首挺胸，拒不下跪，表现出一个革命党人的浩然正气。敌人让他交代"罪行"，他大笔一挥，当场写下一篇慷慨激昂的"供词"："……当今的政府是腐败专制的政府，当今的官吏是贪污无能的官吏，洋人正阴谋吃掉我们，谁见了能不伤心落泪……起义的事虽然没有成功，但我并不遗憾，你们只能杀我一人，却不能杀尽我的后来人……"

敌人喝令陆皓东交代他的"同党"遭到严词拒绝后，竟对他施行了惨无人道的酷刑，用铁钉钉他的手脚，用凿子凿他的牙齿……陆皓东几次被折磨得昏死过去，但他一苏醒过来，就大骂敌人不止："你们可以严刑拷打我，但我肉痛心不痛，你们休想让我屈服！"

公元 1895 年 11 月 7 日，年仅二十八岁的陆皓东牺牲在敌人的屠刀下。孙中山称赞他是"为共和国革命而牺牲的第一人"。

74. 民主主义革命的先行者——孙中山

孙中山是一位伟大的爱国主义者，是中国资产阶级民主主义革命的领袖。

童年时代的孙中山家境十分贫苦。他六岁时就随姐姐上山砍柴，下地割草，干农活，十分勤劳。可以说，他是和穷人孩子一起长大的。所以，他从很小的时候就体会到了底层劳动人民所受到的封建压迫和种种不平等遭遇，在幼小的心田里常常溅起不满现实的浪花。他性格坚强，好打抱不平，在孩子们中有很高的威信。

孙中山空闲的时候常到武馆看三合会员练武，与小伙伴们玩打仗的游戏。他非常好学，喜欢听老人讲太平天国反清的革命故事。

有一位曾经跟随洪秀全打过清军的太平军老将士，名叫冯爽观，他早晚乘凉时经常对孩子们绘声绘色地讲金田起义、定都南京、打破江南江北清军大营和逼得曾国藩要投水自杀的故事，孩子们听得个个眉飞色舞。孙中山对这些农民起义的故事有极大兴趣，他十分敬慕洪秀全，有一次在听讲中禁不住脱口而出："洪秀全灭了清朝就好咯！"冯爽观高兴地摸着孙中山的小脑袋说："你真是洪秀全第二啊！"从此，孙中山在和同伴游戏中常以"洪秀全第二"自居，常常思考着消除天下的不平事，太平天国革命者的英雄形象在他幼小的心灵里留下了深刻的印象。

孙中山曾在檀香山生活和学习四年多，使这个正处成长期的小留学生开拓了胸怀和眼界，丰富了他的民主思想和科学知识，思想上发生了巨大变化。他的有些思想和行为，在当时的人们看来是十分不合理教的，打泥菩萨便是其中一例。

当时，乡民们还没有反对迷信的觉悟，经常要去膜拜北帝庙中的木雕泥塑。出国回来的少年孙中山对此非常反感。他与同村的陆皓东、杨鹤龄等劝告乡民们木偶无知，信奉无益，不要相信世界上真有什么神仙能帮助穷人。见劝阻乡民没有效果，于是，大家商量好了去捣毁神像。他与陆皓东进入庙中折断北帝直竖的中指，露出了稻草的内芯。

接着，他拿起神像的断指笑着对神仙深信不疑的乡亲们说："你们看，这就是所谓能保护乡民的神灵，我打断了它的手指，它还照样对着我傻笑，这种神灵有什么可以相信的！"乡民见他们这么做，都非常惊恐和愤怒，一面对着偶像膜拜不止，企求神仙的宽恕和保佑，一面不断咒骂亵渎神像的孙中山，视他为"疯孩子"。孙中山的父亲也因此受到了乡里人的责备，只得答应修复神像，而孙中山则被他的父亲送到了香港，进入由英国圣公会主办的拔萃书室读书。

孙中山一生喜欢读书。他在英国留学的时候，有一天，几个中国留学生一起去看他，发现他的生活很艰苦，几乎连吃饭的钱都没有了。离开前，这几个留学生凑了四十英镑，送给孙中山补贴生活。三天以后，这几个留学生又一起去看孙中山。来到孙中山的宿舍门口，他们敲了半天门，都没有人答应。过了很长时间，孙中山才来开门。孙中山不好意思地说："请原谅，我正在看书，没听见你们敲门。快请进！"

他们走进孙中山的宿舍，看见桌子上摆满了新书。大家一算，买这些书大概需要三十英镑。他们觉得很奇怪，问孙中山："你连吃饭的钱都不够，还有钱买书？""这是用你们送给我的钱买的，我还剩下十英镑呢！""你应该多买一些好吃的，不要把身体搞坏了。"孙中山笑着说："我觉得买书比买吃的还重要。"

公元 1905 年中国同盟会成立前夕，孙中山和黄兴、宋教仁等热烈讨论给革命组织起个什么名称较好。当时有人提出："这次革命的目的是推翻满清政府，建议革命组织的名称定为对满同盟会"。孙中山当即表示反对。他说："我们主张革命，志在反对清廷压迫人，并不是反对满族民众。相反，如果满族人士中有志愿投身革命的，我们也应该热烈欢迎。"

孙中山团结各族人民的想法立即为广大同志所接受，并且在实践中贯彻执行。革命军攻占南京时，复辟头子张勋的"辫子军"被赶走了，原驻扎在前清皇城内的旗兵也逃跑了，却留下了八千多名贫苦的满民和失散的旗人官兵的家属。他们无家可归，生活无着，妇女因为担心遭革命军侮辱，甚至投井自杀。

革命军巡视见到这种现象，立即找地方收容，并开粮仓救济。后来又设立"旗民生计处"，教导这些满民学习生产技术，使他们获得独立生活的能力。孙中山知道这些情况后，十分高兴。

公元 1909 年，孙中山到美国巴索地区从事革命活动，发展革命组织，在当地致公堂举行了三个小时的演说，控诉清政府腐败无能，号召广大侨胞起来推翻清朝统治，挽救危难的中华民族。

热血方刚的美国华侨青年马湘，边听边激动得流下了热泪。当晚，他在华侨专门举行的宴会上，走到孙中山先生跟前跪下，恳切地要求参加革命。孙中山扶起马湘，笑道："跟我革命？革命是会杀头的，你有这个胆量吗？"马湘答道："杀就杀，我不怕，我有三兄弟，杀了我还有两兄弟奉养父母。我又未娶妻，没有牵累，怕什么？"孙中山听了很满意，就答应了他的请求。

随后，马湘就参加了同盟会，追随孙中山从事革命活动。在孙中山先生离开美国前往加拿大活动时，马湘还写了一封信给他在加拿大经商并主持温哥华洪门致公堂的父亲，请他助孙中山一臂之力。

以后，马湘就一直跟随孙中山，先后担任卫士、卫士队长和少将、副官等职，为中国民主革命立下了汗马功劳。

公元 1921 年，孙中山就任临时大总统后，偶尔上街，凡所经过的地方，常听见路人向他高喊："大总统万岁！"

孙中山心里很不是滋味，回到总统府就对秘书说：封建专制已经推翻，但还是有人喊"万岁"，很不恰当。机要人员向他报告：各省都督发来的电文，好几份也有"恭祝大总统万寿无疆"这样的词句。孙中山听了，马上严肃地说："封建流毒真深！必须继续肃清！我们已经革除了帝制，难道还要做皇帝吗？以后如果再这样，就把原件退回。"

南京政府成立不久，一位八十多岁的老人，来到总统府传达室苦苦哀求："让我进去吧！我要见见大总统。"

刚好，总统府侍从队长郭汉章路过，便问："什么事？"传达室的人说："老人要见大总统。我问他有什么公事，他说没有。我又问他有没有什么意见提出，他说也没有。大总统公事忙得很，哪有工夫接见他呢？我向老人解释了好一会，可是他还是不肯走。"

　　原来，老人姓肖，是盐商，听说南京政府成立了，特地从扬州专程赶来，想一睹大总统的丰采。郭汉章见是如此，便对老人说："请你等一等，我去报告。"

　　郭汉章向孙中山汇报了情况。孙中山马上放下手中的工作，说："好，你请他进来，我很愿意会见他。"郭汉章扶着老人走到孙中山面前，介绍说："这就是大总统。"

　　孙中山含笑起立，表示欢迎。正要和他握手，老人却放下手杖跪下，要行从前拜见皇帝的三跪九叩之礼。孙中山慌忙扶他起来，亲切地告诉他说："总统在职一天，就是国民的公仆，为全国民众服务。"

　　老人问："总统若是离了职呢？"孙中山说："总统离职以后，和国民一样。"老人告辞时，孙中山送到办公室门口，吩咐侍从队长派车把老人送回旅店。

　　老人高兴极了，回到旅店后，逢人便说："大总统一点也不像从前的皇帝，待人可亲热啊！今天，我可见到民主了。"

75. 护国名将——蔡锷

蔡锷，湖南宝庆府人，出生于清朝末年。从小聪颖好学，小小年纪就显得才华横溢。上私塾时候，有一次，他和伙伴们偷了农民的水果，被先生知道了，先生怒气冲冲地把一帮小家伙们留下来，罚绕学校跑三周。这下，小家伙们傻眼了，先生一声令下，其他的小朋友争先恐后的撒腿就跑，蔡锷却拉着先生的衣角，绕着先生转了三圈，先生惊奇地说："你这是干嘛呀？"蔡锷缓缓地说："这学校是先生的，所以先生就是学校，学校就是先生啊。"看着小家伙忽闪忽闪的眼睛，先生爱怜地抚着小蔡锷的头说："好，好啊！此子以后必定大有出息啊！"

还是七岁的时候，蔡锷参加童子考试，由于路途遥远，人又长得矮小，于是就骑在父亲脖子上去参加考试。到了乡里，已过了开考时间。主考官不让他进去，蔡锷父亲好说歹说，主考官皱了皱眉头，看着骑在父亲脖子上的蔡锷他慢声慢气道："考场有考场的规矩，看在你是个小孩的分上，我出个上联，你对得上就进去，对不上嘛，那就抱歉了。"想不到小蔡锷从父亲背上一跳而下，拱手道："请赐上联。"主考官用手捋捋胡须："子骑父做马。"这分明是拿小家伙打趣嘛！小蔡锷不急不忙，稍一沉思："父愿子成龙"。主考官不由自主点头赞叹，果然不同凡响，于是放他进去考试了。

笔试结束后，由主考官面试。主考官拿出一捆稻草，乱蓬蓬堆在地上，要求考生们捡起来，谁拾得又整齐又多，谁就是胜者。考生们待考官手一挥，急急忙忙地动作起来。小蔡锷却不声不响，不知他从哪儿弄来了一把菜刀，他从地上捞起一把稻草，放在凳子上面就是一刀，真的是又快又齐，没几下，所有的考生加起来都没有他的多了。主考问道："你怎么可以用刀呢?"小蔡锷眨眨眼睛："规矩不严不紧，乱草不斩不齐啊!"主考一边听，一边不住颔首微笑："神童啊神童!"

公元1911年10月10日，武昌起义爆发，革命的火炬迅速发展为埋葬封建帝制的熊熊烈火。10月30日，辛亥云南起义爆发，蔡锷被推举为起义军临时总司令，负责拟定起义计划并指挥起义军作战。当晚八时，蔡锷命原云南陆军讲武堂监督李根源等率云南新军第七十三标，由昆明北门进攻五华山和军械局，自己率第七十四标和炮标由南门外巫家坝向城内推进，进攻总督署和五华山。战至第二天中午，南北两路义军会师于五华山，击毙云南新军第十九镇统制钟麟同，俘获云贵总督李经羲，结束了清政府对云南的统治。

公元1911年11月，起义官兵在五华山组织了"云南军都督府"，公推蔡锷为云南都督。这时，他年仅二十九岁。

公元1915年12月，袁世凯称帝，举国反袁浪潮高涨。蔡锷发动反袁护国战争，宣布云南独立，武装讨袁，并担任护国军第一军总司令。公元1916年1月中旬，从昆明出发，举兵入川，分左、右两纵队向川南的纳溪、泸州挺进。护国军在蔡锷指挥下，艰苦奋战，从2月上旬至3月中旬的四十多天中，泸州以南几乎全部化为战场，蔡锷身先士卒，指挥若定，给袁军以重创。袁世凯于3月22日宣布取消帝制。

以黎元洪为总统的北京政府，任命蔡锷为四川都督兼署民政长。7月29日蔡锷到成都视事，全城挂国旗，各界人士列队欢迎。他着手整编川军，统一财政，终因积劳成疾，由于喉结核日益恶化，无法坚持工作，电告北京，请求辞职。

公元1916年11月8日，蔡锷因病与世长辞。时年三十四岁。

76. 林觉民舍小家报国家

林觉民（1887—1911），福建闽县人（今福州市）人，是近代中国黄花岗七十二烈士之一。

林觉民八岁丧母，与父相依为命。他十四岁入福建高等学堂，开始接触民主革命思想，倾心革命。他非常推崇"平等"、"自由"学说，因而自号"抖飞"。他态度和蔼，诙谐幽默，"涉口成趣，一座为之倾倒"。他性格刚直，敢于斗争，对朋友急难，总能竭力相助。

公元1907年，林觉民征得父亲同意后，自费留学日本，专习日语。第二年林觉民补为官费生，入庆应大学文科，力攻哲学，兼习英语和德语。

这时，林觉民也完全投身到了革命的行列。他积极参加留学生集会，登台演讲，激昂慷慨，尽情地表达自己的爱国激情。

公元1911年春，为了推翻清王朝，同盟会决定调集各地精英，再次在广州发动大规模的武装起义。那时，正值同盟会领导的广州新军起义失败不久，革命暂时处于低潮。但林觉民全然不顾。为了参与起义的筹备工作，他毅然与同志首批到广州。黄兴见了林觉民喜出望外，随后，林觉民又急返家乡召集同志，只十天就赶了回来。

广州起义前三天，林觉民为迎接同志参加起义，又来到香港，当晚在舟中与同伴倾心长谈，谈到半夜，他又挑灯给父亲和爱妻写绝笔信，信中充分表达了他为谋求全国同胞的自由幸福而甘愿牺牲自己的崇高志向。

给妻子的诀别书，林觉民是写在一方白手帕上，洋洋洒洒、婉转千余言，把对爱妻幼子的情爱和捐躯报国的激情熔为一炉，读了使人奋起，催人泪下，是革命党人的一篇最高尚最纯洁的情书。

林觉民十九岁与陈意映结婚，虽是奉父命成婚，但夫妇的感情至深。想到爱妻，又想到三日后就要诀别，怎不令人涕泪齐下，肝肠欲摧！但是，林觉民懂得，个人的幸福固然可贵，而天下人的幸福更为重要，为天下人的幸福而牺牲个人的幸福，那是无比高尚的。

公元1911年4月27日广州起义爆发。林觉民率领敢死队与林文等人汇合，担任进攻两广总督衙门的任务。林觉民挥弹当先，与同志们一起冲入督署，遍找总督张鸣岐不着，遂火烧衙门后撤，刚到东辕门，就遇到清军巡防营的大队人马，双方展开激战，炮声轰鸣，枪声大作，林觉民挺身奋战，终因受伤被捕，关押在水师提督衙门。

被捕期间，清总督张鸣岐、水师提督李准等亲自提讯，林觉民坐地侃侃而谈，纵论世界时事，使敌酋瞠目结舌，无可奈何。林觉民的英雄气概，使张鸣岐之流惊恐万状，立即下令将他杀害。就义时，林觉民毫不畏惧，面不改色，引颈就戮，时年二十五岁，死后葬于黄花岗。